SCHABLONEN

Kreative Gestaltung von Wänden, Textilien,
Keramik und vielem mehr

Henrike Müller

SCHABLONEN

Kreative Gestaltung von Wänden, Textilien, Keramik und vielem mehr

Unter Mitarbeit von Petra Trinkaus
Mit Fotografien von Dorothea Heiermann

DUMONT BUCHVERLAG KÖLN

Alle in diesem Buch enthaltenen Angaben, Daten, Ergebnisse etc. wurden vom Autor nach bestem Wissen erstellt und von ihm und dem Verlag mit größtmöglicher Sorgfalt überprüft. Gleichwohl sind inhaltliche Fehler nicht vollständig auszuschließen. Daher erfolgen die Angaben etc. ohne jegliche Verpflichtung oder Garantie des Verlags oder des Autors. Beide übernehmen deshalb keinerlei Verantwortung und Haftung für etwaige inhaltliche Unrichtigkeiten.

Erstveröffentlichung
© 1994 DuMont Buchverlag Köln
2. Auflage 1996
Alle Rechte vorbehalten
Druck und buchbinderische Verarbeitung: Druckerei Uhl, Radolfzell

Printed in Germany   ISBN 3-7701-3184-3

Inhalt

Vorwort	**6**
Zur Geschichte der Schablonentechnik	**8**
Asien	10
Europa	17
Amerika	31
Industrie, Kunst und Rebellion	**36**
Industrielle Verwendung	38
Kunst und Rebellion	40
Materialien und Techniken	**44**
Schablonentypen	46
Herstellung einer Schablone	50
Stupfen mit Pinsel	54
Schablonieren mit Folie	57
Spritztechnik	59
Stupfen mit Schwamm	61
Anwendungsgebiete	**62**
Wände	64
Fußböden	76
Möbel	77
Keramik	82
Textilien	88
Papier	94
Vermischtes und Verrücktes	97
Schablonenvorlagen	**102**
Glossar	163
Bezugsquellen	166
Museen und Sammlungen	167
Literaturhinweise	169
Abbildungsnachweis	171
Register	173
Dank	176

Vorwort

»Schablone« ist ein Wort, das Vorurteile weckt. Im Deutschen heißt es nichts Gutes, wenn jemand »in Schablonen denkt«: So ein Mensch hat ein starres, fest umrissenes Weltbild, redet in Klischees, hat keine eigene Meinung und ist nicht in der Lage, selbständig Gedanken zu fassen. Im englischen Sprachraum verbindet man mit »stencils« eher etwas Kommerzielles denn etwas Künstlerisches – man denkt an Verpackungen, die per Schablone mit einer Markierung versehen werden, oder an volkstümliche Verzierungen für schlichtere Gemüter, eine Art gemalte Volksmusik. Bei manchen Amerikanern ruft das Wort »stencil« Erinnerungen an Plüsch, Pomp und düstere Möbel hervor. Wer sich jedoch in der angewandten Kunst etwas besser auskennt, dem kommen bei dem Begriff »Schablone« eher mit feinsten Ornamenten geschmückte japanische Kimonos oder ausgemalte Treppenhäuser der Jahrhundertwende in den Sinn.

Sehr viel mehr Hintergrundwissen hatten auch wir nicht, als wir begannen, uns mit der uralten Schablonentechnik zu beschäftigen. Auf dem Flohmarkt fing es an: Die eine oder andere chinesische Emailschüssel mit Rosendekor, ein paar Teller mit Schablonen-Spritzdekor und eine alte Tischdecke mit Blattornamenten entfachten die erste Begeisterung für den ganz speziellen Charme dieser Technik und die Lust, selbst mit Schablonen zu arbeiten. Nachdem der Blick erst einmal geschärft war, gab es Schablonenmotive und Schablonenmuster auf Schritt und Tritt zu entdecken: Bei Spaziergängen durch die Stadt begegnete einem an Häusersockeln ein kleiner schwarzer Hund – immer der gleiche, immer woanders. Im Teeladen wurden plötzlich die aufgestapelten Holzkisten interessanter als ihr Inhalt, waren sie doch über und über mit schablonierten Schriften und Symbolen bedeckt. Mit jeder Fliese in einem Gründerzeit-Treppenhaus, jedem Stern in der Kuppel einer Kirche, jedem Wandmuster, jedem geätzten Jugendstilfenster und jeder gemusterten Bodenfliese wuchs die Neugier, stellten sich neue Fragen. Aber die Suche nach Antworten gestaltete sich wesentlich schwieriger, als wir erwartet hatten.

Da das Schablonieren kein eigenes Kunsthandwerk, geschweige denn eine Kunstrichtung ist, ist es gar nicht so einfach, den Spuren dieser Technik zu folgen. In fast jeder Sammlung findet sich wohl das eine oder andere schablonierte Stück – in nahezu jeder Kultur wurde mit Schablonen gearbeitet, in jedem Bereich der angewandten Kunst findet man Zeugnisse davon. Wände, Textilien, Bücher, Spiele, Keramiken, Möbel – so gut wie jedes Objekt, jede Oberfläche läßt sich mit Schablonen verzieren. Etliche Schablonenmuster erkennt man auf den ersten Blick an den charakteristischen Stegen. Bei manchen Mustern jedoch wurde der Gebrauch der Schablone so geschickt kaschiert, daß sie auch für den geübten Betrachter nur schwer als Schablonenarbeiten erkennbar sind.

Die Recherchen zu diesem Buch wurden dadurch erschwert, daß die Schablone fast nie als ernstzunehmendes Handwerkszeug gewürdigt wurde und bestenfalls als zu vernachlässigendes Hilfsmittel Erwähnung fand. Die Spurensuche gestaltete sich dementsprechend wie eine Schnitzeljagd durch die Kunst- und Kulturgeschichte, bei der ein Hinweis zum nächsten und manche Spur ins Nichts führte, aber auch an den unerwartetsten Stellen Schätze auftauchten.

Bisweilen wurden bei der Suche noch die alten Vorurteile gegen Schablonen laut. Immer öfter kreuzten wir jedoch den Weg von Historikern oder Handwerkern, die auch gerade begonnen hatten, sich mit diesem Werkzeug zu befassen. Museen bauen unter größten Mühen Sammlungen von Schablonen auf. Historiker beginnen, Muster und Musteranordnungen zu archivieren und zu systematisieren. Malerlehrlinge werden wieder in der alten Dekorationstechnik ausgebildet, und Restauratoren können jetzt die lange verpönten schablonierten Innenausmalungen des Historismus rekonstruieren.

Trotz des gerade in den letzten Jahren wiedererwachten Interesses an der Schablonentechnik ist das Wissen zu diesem Thema immer noch bruchstückhaft, die Literatur spärlich. Unser Abriß der Geschichte der Schablone erhebt daher keinen Anspruch auf Vollständigkeit, sondern will lediglich die zahllosen Anwendungsmöglichkeiten und schier endlosen Gestaltungsvarianten dieser Technik an Beispielen aus vielen Zeiten und Kulturkreisen veranschaulichen.

Zum Ursprung der Schablone gibt es verschiedene Theorien. Manche behaupten, als erste Schablone habe die menschliche Hand gedient. In den Höhlen von Pech-Merle und Gargas in Frankreich finden sich solche »Schablonendrucke« von ca. 18000 v. Chr. Die Höhlenmenschen lösten rote oder schwarze Farbe im Mund, legten eine Hand auf die Wand und spieen die Farbe darüber.

Der britische Anthropologe Henry Balfour behauptet hingegen, ein Insekt auf den Fidschiinseln habe die Schablone »erfunden«. Die Larve dieses Insekts hat die Angewohnheit, sich durch noch zusammengerollte große Blätter zu bohren. Entfalten sich die Blätter, so weisen sie ein regelmäßiges Lochmuster auf. Balfour glaubt, daß die Ureinwohner der Fidschiinseln diese Blätter als »Fertigschablone« entdeckten und daraus ihre Schablonentechnik entwickelten. Jedenfalls schnitten sie bis ins 20. Jahrhundert hinein ihre Schablonen aus Bananenblättern.

Von den Höhlenbewohnern und den Fidschiinsulanern bis zu den Großstadtgraffiti der neunziger Jahre hat die Schablonentechnik weite und verschlungene Wege zurückgelegt. Einige Stationen wollen wir in den ersten zwei Kapiteln dieses Buches beschreiben.

Darauf folgt ein praktischer Teil, in dem ausführlich erklärt wird, was für Schablonentypen es gibt, wie Schablonen hergestellt werden, wie man damit arbeitet und auf welchen Untergründen man sie benutzen kann. Am Beispiel eigener Arbeiten aus den letzten Jahren werden Techniken, Anwendungs- und Gestaltungsmöglichkeiten aufgezeigt. Ob auf der Wand, auf Holz, Stoff, Keramik oder Papier, ob auf Schuhen, Kuchen oder Schirm – die Arbeitsabläufe werden Schritt für Schritt dargestellt und erläutert.

Im dritten Teil des Buches findet man Schablonenvorlagen, die eine reiche Auswahl an Motiven und Mustern bieten. Sie können, mit Hilfe eines Fotokopierers vergrößert, als gebrauchsfertige Vorlagen verwendet werden. Benutzt man sie unvergrößert, so muß man bei manchen der Vorlagen die Stege so weit verbreitern, daß die Schablone genügend Halt bekommt. Möglicherweise aber dienen die Schablonenvorlagen auch als Inspirationsquelle für eigene Entwürfe und Gestaltungen.

Zur Geschichte der Schablonentechnik

Asien

China

Bereits im ersten Jahrhundert unserer Zeitrechnung wurde der Buddhismus in China bekannt. Zunächst nur von wenigen Kreisen angenommen, erfuhr er im 5. und 6. Jahrhundert einen ersten Aufschwung, als die Dynastie der Nördlichen Wei (Toba Wei) ihn zur Staatsreligion erhob. Den großen Durchbruch brachte die Sui- und dann vor allem die glanzvolle Tangdynastie (618–907), deren Kaiser sich zum Buddhismus bekannten. In einer Phase religiöser Toleranz vermochte sich der Buddhismus trotz der Konkurrenz von Konfuzianismus, Taoismus und Christentum zu behaupten. Interessant sind die bereits aus frühen Zeiten überlieferten ins Chinesische übersetzten buddhistischen Texte, die auch mittels Schablonentechnik reproduziert wurden.

Dem trockenen Klima der chinesisch-turkestanischen Wüste und der Geduld einiger Archäologen haben wir es zu verdanken, daß wir von der Verbreitung von Schablonentechniken aus den Anfangszeiten des Buddhismus wissen. Im übrigen China sind durch das feuchte Klima und die Säkularisierung der Klöster nach 845 Manuskripte und andere Aufzeichnungen vernichtet worden.

Der Archäologe Thomas Francis Carter berichtet von den Funden der sogenannten Preußischen Expedition, die ihre Arbeit in zerstörten Klöstern in der Oase Turfan 1907 beendete. Unter den Fundstücken befanden sich Holzschnitte, Blätter mit handkolorierten gestempelten Buddhas und »Stücke von Seide mit buddhistischen Figuren, die aufschabloniert waren« sowie auch »Papierschablonen und Bimssteinsäckchen« (zum Durchpausen). Was damals entdeckt wurde, befindet sich heute im Museum für Indische Kunst in Berlin.

Rund 600 Kilometer südöstlich von Turfan entfernt liegt die Oasenstadt Tun-huang (Dunhuang), eine bedeutende Station an der zentralasiatischen Seidenstraße und ein Treffpunkt der großen Kulturen des Fernen Ostens. Nicht weit davon befinden sich die Höhlen der Tausend Buddhas oder Mogaogrotten, 492 in den Felsen gehauene Grotten, die jahrhundertelang als Stätten des buddhistischen Kultus gedient haben.

In seinem 1921 erschienenen Expeditionsbericht »Serindia« schildert der Archäologe Sir Aurel Stein sehr anschaulich, wie eine Höhle mit ihren versiegelten Manuskripträumen vor 900 Jahren verschlossen und dann im Jahre 1900, wundervoll erhalten, von einem Bettelmönch wiederentdeckt wurde. Stein unternahm 1906 bis 1909 eine große Expedition nach Tun-huang und kehrte mit reicher Ausbeute – Tausenden von Stoffen, Bannern, Gefäßen und anderen Kunstgegenständen, aber auch Werkzeugen, unter anderem Schablonen – nach England zurück. Er brachte auch Fragmente einer Kasaya (Gewand eines buddhistischen Mönches) mit, deren einzelne Stoffteile in unterschiedlichen Techniken gearbeitet sind; einige davon wurden mit Hilfe von Schablonen dekoriert. Steins riesige Sammlung befindet sich teils in London im British Museum, teils in Neu-Delhi; einiges blieb auch in Tun-huang.

Stein beschreibt, daß die Wände und Gänge bemalt waren mit »vervielfältigten Buddhas, mit denen buddhistische Frömmigkeit die Wände so vieler heiliger Stätten bedeckt hat, wobei sie sich der willkommenen Hilfe der Schablone bediente«. Wände und Decken sind dicht an dicht und über und über mit Reihen von Buddhas schabloniert. Dabei wechseln die Farben von Gewändern und Hintergründen sich so ab, daß die einzelnen Bilder gleichzeitig ein ornamentales Muster bilden. Die Verzierung der Wände galt als religiöse Handlung, sie brachte den Frommen der Erlösung näher.

Kasaya aus Tun-huang, 8.–9. Jahrhundert (Detail)

Wandgemälde und schablonierte Deckenverzierung in den Mogaogrotten bei Tun-huang (Höhle 61)

Kasaya aus Tun-huang, 8.–9. Jahrhundert, Seide, 107 × 150 cm.
London, British Museum

Ein Fresko auf einer Wand in Kha-Dalik beeindruckt vor allem durch den besonderen Charakter der Zeichnung und den Farbenreichtum. In waagerechten Reihen angeordnet sind lauter Ebenbilder des Großen Lehrers, jedes in einer eigenen Nische, auf Lotuskissen sitzend, in rote, dunkelbraune, weiße oder cremefarbene Roben gehüllt, alle, wie Stein mutmaßt, »ohne Zweifel einfach mit Schablonen vervielfältigt«. Schablonen werden ebenfalls erwähnt als Hilfsmittel für das Wandgemälde der Grotte von Wan-Fo-Hsia (Wanfo Xia), das um 1340 entstand.

Japan

Ob die Japaner die Schablonentechnik ursprünglich aus China oder aus Korea übernommen haben, darüber streiten sich die Gelehrten; Japan hat immer Einflüsse von außen aufgenommen, sie aber stets eigenständig weiterentwickelt und ganz dem eigenen Stil anverwandelt.

Die Vorliebe der Japaner für stark stilisierte Motive begünstigte die Entwicklung der Schablonentechnik, die sich ja für solche wenig naturalistischen Motive besonders eignet. Schablonen wurden in Japan benutzt, um Stoffe zu bedrucken, die anschließend oft noch bemalt, mit Blattgold belegt oder bestickt wurden; auch Papier und Lederrüstungen wurden mit Hilfe von Schablonen dekoriert.

Ein frühes Beispiel von schablonenbedruckter Seide, ein Fragment eines buddhistischen Mönchsgewandes, das in die Narazeit (710–784) einzuordnen ist, kann man im Londoner Victoria and Albert Museum bewundern – allerdings nur als Foto. Scharf und deutlich in den Konturen ist das Muster des Heiligen Rades zu erkennen; seine acht Speichen symbolisieren die Lehren Buddhas.

In Japan wurde mit verschiedenen Schabloniertechniken gearbeitet. Eins der frühesten bekannten Beispiele für Schablonentechnik ist das sogenannte »kyokechi«, eine Reservetechnik, bei der der Stoff zwischen zwei Bretter gepreßt wird, in die deckungsgleiche Muster geschnitten sind – ähnlich der indischen Preßschablonentechnik, auf die wir noch ausführlicher eingehen werden (siehe S. 16). Ein Beispiel für diese Technik, das zwischen dem 6. und dem 8. Jahrhundert entstanden sein muß, findet sich im Shosoin-Schatzhaus in Nara: Seide mit einem Muster von blauen Quasten und Vögeln, die Blumen im Schnabel tragen. Die äußerst feinen Details wie etwa Vogelfedern erforderten einen virtuosen Umgang mit dem Schneidemesser – schließlich mußten beide Bretter ein absolut identisches Muster tragen, damit beim Färbevorgang noch präzise Muster herauskamen. Die gleiche Technik (in China nannte man sie »jiaxie«) finden wir übrigens auch auf dem bereits erwähnten Mönchsgewand aus der Sammlung von Sir Aurel Stein.

Spätestens im 9. Jahrhundert war die Schablonentechnik in Japan weit verbreitet. Damals existierte bereits ein großes Produktionszentrum nahe beim Ise-Schrein, der der Sonnengöttin Amaterasu geweiht ist. Dies deutet darauf hin, daß die Schablonentechnik wahrscheinlich im Zusammenhang mit religiösen Praktiken zur Anwendung kam.

Aus der frühen Kamakurazeit (1185–1333) stammen Rüstungen, die ganz offensichtlich mit Schablonen verziert wurden. Die Rüstungen trugen – meist runde, stilisierte – Zeichen, genannt »mon«. Jede Sippe hatte ihr eigenes Zeichen oder Wappen. In Kriegszeiten dienten sie dazu, Verbündete und Gegner voneinander zu unterscheiden. Sie erfüllten aber auch den gleichen Zweck wie heutige Firmen- oder Warenzeichen: Jeder Berufsstand, jede Handwerkergilde, jedes Bordell, jede Schnapsbrennerei hatte ihr eigenes »mon«. Die Linien dieser Zeichen sind kurz und unterbrochen, die Stege der Schablonen recht deutlich zu erkennen, was darauf schließen läßt, daß mit ähnlichen Papierschablonen gearbeitet wurde, wie man sie auch beim Färben von Stoffen verwendete. Es gibt sogar ein gemustertes und eingefärbtes Leder, das als »geräuchertes Leder« bezeichnet wird. Bei diesem Leder mit dunkelbraunen Mustern wurde eine Schablone auf dem Material befestigt und das Leder dann regelrecht geräuchert, bis sich die freiliegenden Stellen dunkel verfärbten.

Prächtigstes Beispiel der japanischen Textilkunst sind die No-Roben, die oft schabloniert wurden und Zeugnis von einer hochentwickelten Technik ablegen. No ist das klassische japanische lyrische Theater, eine stark stilisierte und ritualisierte Theaterform mit genau festgelegten Abläufen, bei der alle Rollen, auch die weiblichen, von Männern gespielt werden. Die prunkvollen Theaterroben waren eine Herausforderung für alle Kunsthandwerker des Landes – Weber, Färber, Schneider, Maler und Vergolder versuchten sich in edlem Wettstreit gegenseitig zu überbieten. Auch die Schablone trug das Ihre dazu bei. Die Wirkung der Roben ist nicht allein den überaus kostbaren Stoffen, zum Beispiel schweren Brokaten, zu verdanken, sondern vor allem dem Zusammenspiel der verschiedensten Handwerkstechniken. No-Roben lassen sich selten genau datieren, da sie von Generation zu Generation weitergegeben wurden. Die ersten stammen wahrscheinlich aus dem 14. Jahrhundert, ihre Blütezeit lag im 16. Jahrhundert, als der verschwenderische Gebrauch von Gold und Verzierungen in ganz Japan Anklang fand.

Eine besonders schöne No-Robe aus dem 18. Jahrhundert befindet sich im Kunstmuseum der Rhode Island School of Design in Providence: Auf rotem Satin sind stilisierte Gräser und Tautropfen in Gold aufschabloniert, darauf wurden Blumen und Umrandungen aufgestickt. Ein kostbares Beispiel einer schablonierten No-Robe ist auch der abgebildete »surihaku« aus dem 17. Jahrhundert. »Surihaku« ist die Bezeichnung für die Kostüme, die von Darstellern weiblicher Rollen oder zarter Jünglinge getragen werden. Sie wurden häufig sehr aufwendig schabloniert – etwa mit Gold und Silber, wie hier zu sehen.

Die besseren Herrschaften in Japan trugen Gewänder aus Seide, die nicht nur schablonenverziert, sondern oft noch zusätzlich bestickt, vergoldet oder bemalt waren. Die baumwollenen Sommer- bzw. eigentlich Badegewänder (»yukata«), oft mit Schablonendekors in Blautönen verziert, wie wir sie als »typisch japanisch« kennen, waren für die einfachen Leute und den täglichen Gebrauch bestimmt.

Die Schablonen (japanisch: »katagami«; »kata« = Form und »gami« = Papier) fertigte man aus Maulbeerbaumpapier, das mit dem Saft der Persimone (einer Dattelpflaumenart) behandelt wurde. Durch Bestreichen mit Öl wurde das Papier wasserfest. Die geschnittenen Schablonen bestanden in der Regel aus doppelten Maulbeerbaumpapierbogen. Die Zartheit und Feinheit der japanischen Schablonenmuster ist unübertroffen. Bei extrem feinen Mustern ersetzte man die herkömmlichen Stege durch Wildseidenfäden oder Netze aus Haaren. Sie waren so fein, daß ein weicher Pinsel sie bei-

No-Robe (»surihaku«), 17. Jahrhundert. Okayama Art Museum

No-Robe, 18. Jahrhundert. Museum of Art, Rhode Island School of Design, Providence (Gift of Lucy T. Aldrich)

seite schieben konnte, und hinterließen daher im fertigen Muster keinerlei Spuren. Für mehrfarbige Muster wurde pro Farbe eine Schablone benutzt.

Eine andere Schablonentechnik wurde ab dem 14. Jahrhundert verwendet und gelangte im 16. Jahrhundert zu höchster Perfektion. »Katazome« heißt dieses Verfahren, das auch heute wieder gern eingesetzt wird. Hierbei handelt es sich um eine Reservetechnik. Dabei trägt man durch das ausgeschnittene Muster der Schablone nicht Farbe, sondern eine Reismehlpaste auf. Anschließend wird der Stoff eingefärbt. Nur die nicht abgedeckten Partien nehmen die Farbe an. Nach dem Auswaschen der Paste zeigen die vormals abgedeckten Stellen die ursprüngliche Farbe des Stoffes – ein Verfahren, wie man es auch vom Batiken oder vom Blaudruck kennt. Durch verschiedene Färbemethoden – mit Pinsel, Quast oder im Färbebad – entstanden bei der »katazome«-Technik ganz unterschiedliche Effekte, je nachdem, wie gleichmäßig oder ungleichmäßig der Stoff eingefärbt wurde.

Ihre Blütezeit erlebte die »katazome«-Technik im 17. bis 19. Jahrhundert in Suzuka (Ise) und auf der Insel Okinawa. Die Schablonen wurden aus dickem Papier (»kozo« aus Maulbeerbaumfasern oder »mitsumata« aus den Fasern eines mit dem Seidelbast verwandten Strauchs) angefertigt. Die Schablonen mußten so widerstandsfähig sein, daß man sie trotz der Behandlung mit Reismehlpaste und trotz des häufigen Abwaschens mehrfach verwenden konnte. Dazu wurde das Papier auf besondere Weise präpariert: Es wurde mit Tannin der Kakipflaume bestrichen, an der Sonne getrocknet, dann zehn Tage lang geräuchert und zum Schluß noch einmal mit Kakipflaumentannin bestrichen. Eine Schablone setzte sich aus drei bis vier – wiederum mit Kakipflaumentannin zusammengeklebten – Papierbogen zusammen. Die Standardgröße der Schablonen betrug je nach Anzahl der Bogen 36 × 76 bzw. 36 × 91 cm. Das Muster schnitt man mit langen, spitzen, sehr scharfen Messern aus. Zwei bis drei Jahre altes Papier eignete sich am besten; nur damit wurden bei feinen oder dicht nebeneinanderliegenden Motiven die Konturen scharf genug. Besonders wichtig war dies bei den kleinen Wappenmotiven, den »mon«. Ursprünglich als Einzelmotive verwendet, wurden sie mehr und mehr zu kleinen Streumotiven (»komon«), die bei schlichteren Kimonos die ganze Fläche bedeckten.

Neben all diesen komplizierteren Schablonentechniken gab es natürlich auch die einfachste Form der Schablonentechnik, in Japan »kata-yuzen« genannt. Hierbei nimmt nur der Teil des Stoffes Farbe an, den die Ausschnitte der Schablone frei lassen. Auch diese eigentlich einfache Technik trieben die Japaner bis zur äußersten Perfektion und Verfeinerung. Besonders aufwendige Muster konnten aus bis zu fünfzig verschiedenen Farben bestehen, wobei es für jede Farbe eine eigene Schablone gab. Die Herstellung einer so komplizierten Schablone nahm bis zu einem halben Jahr in Anspruch.

Papier wurde in Japan aber nicht nur zur Herstellung von Schablonen verwendet, mit deren Hilfe man Stoffe schön

Zur Geschichte der Schablonentechnik

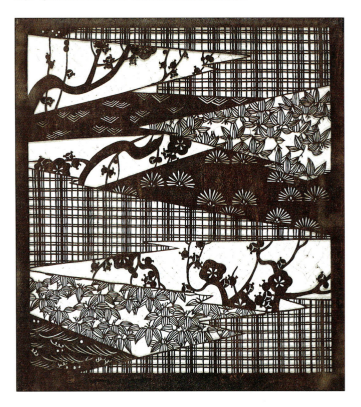

Japanische Schablonen, 19. Jahrhundert. Deutsches Textilmuseum, Krefeld

dekorieren konnte, sondern es war auch selbst Material zur Herstellung von Kleidungsstücken. Schon im 11. Jahrhundert trugen Mönche Unterbekleidung aus »kamiko«, einem durch ein spezielles Herstellungsverfahren reißfest gemachten Papier. Dabei wurde »kozo«-Papier von Hand zerknittert und dann mit Kakipflaumensaft oder »konyaku« (Pflanzenschleim der Aronswurz) bestrichen. Um das Kleidungsstück wasserdicht zu machen, tränkte man es in Lein- oder Sesamöl. Kleidung aus Papier wurde – und wird bis heute – von Mönchen getragen, aber auch Künstler und Adlige liebten die Einfachheit des Materials, das immer zerknittert aussah, weil es durch die Körperwärme sofort weich wurde. Als Armeleutekleidung erfuhr »kamiko« im Zweiten Weltkrieg, als Textilien knapp wurden, eine Renaissance. Die Kimonos jener Zeit waren oft mit Schablonenmustern verziert.

Auch Fächer, Schirme, Dosen und viele andere Gebrauchsgegenstände werden bis heute in Japan schabloniert. Wie in vielen anderen Industrienationen erleben alte Handwerkstechniken auch im heutigen Japan eine Renaissance. Die Handwerker haben in letzter Zeit zu traditionellen Methoden des Stoffdrucks und der Kimonogestaltung zurückgefunden und bedienen sich wieder der Schablonentechnik, wobei sie nicht nur auf alte Muster zurückgreifen, sondern eine moderne Formensprache entwickeln.

Japanische Schablonen werden aufgrund ihrer einzigartigen Schönheit schon seit langer Zeit von Museen auf der ganzen Erde gesammelt, so daß man heute in fast allen wichtigen Museen für angewandte Kunst nicht nur Beispiele für japanische Schablonendekors auf Stoffen und Papier, sondern auch die Schablonen selbst besichtigen kann.

Japanisches Festtagsgewand (»furisode«), 18.–19. Jahrhundert. Deutsches Textilmuseum, Krefeld

Indien

In Indien hat sich eine alte Tradition des Schablonierens bis heute erhalten: »sanzi khaka« nennt sich diese Kunst, mit deren Hilfe in den Tempeln der Götter Krischna und Wischnu an hohen Feiertagen die Böden verziert werden. Priester und ihre Gehilfen schmücken zu diesen Gelegenheiten die Tempel mit figürlichen Darstellungen, ausgeführt mit Marmorstaub und Farbpulvern. Die Papierschablonen (»khaka«), die man für diese Arbeiten benutzt, werden auch als heilige Andenken an Pilger verkauft.

Ebenfalls bis zum heutigen Tag wird in Indien mit einer speziellen Schablonentechnik, der sogenannten Preßschablonierung, gearbeitet. Dieses Verfahren ist uralt; es soll in China schon im 3. Jahrhundert unserer Zeitrechnung bekannt gewesen sein. Preßschablonierung ist, ähnlich wie Plangi oder Batik, eine Reservetechnik. Bei allen Reservetechniken werden die das Muster bildenden Flächen abgedeckt – bei Plangi durch Abbinden, bei Batik durch Wachs –, und die freibleibenden Flächen (der »Hintergrund«) werden eingefärbt. Bei der Preßschablonierung übernehmen Holzblöcke das Abdecken: Die Stoffbahnen werden zwischen zwei Holzblöcken fest eingeklemmt. In diese Holzblöcke sind auf der einen Seite reliefartig Muster eingeschnitten, die andere Seite ist mit Kanälen versehen, die in die Hohlräume des Musterreliefs führen. Durch diese Kanäle werden von außen flüssige Farben eingeleitet, die sich in den Hohlräumen ausbreiten und dort den Stoff einfärben, während die zwischen den erhabenen Stellen der Blöcke eingeklemmten Stoffpartien ungefärbt bleiben. Charakteristisch für preßschablonierte Stoffe sind zum einen spiegelsymmetrische Muster und Motive – eine Folge des Umstands, daß die Stoffe vor dem Einspannen in die Preßblöcke gefaltet werden. Zum anderen sind viel-, nämlich bis zu siebenfarbige Muster typisch, deren sehr bunte Farben leicht ineinanderlaufen. Das ist auch kaum zu vermeiden, da die verschiedenen Farben zwar durch jeweils eigene Löcher im Block, aber bei einem einzigen Färbevorgang eingefüllt werden. Dieser Effekt gibt den preßschablonierten Stoffen ihren unverwechselbaren Reiz. Die weißen Umrahmungen der Einzelmotive sind ein weiteres Merkmal preßschablonierter Textilien.

Mit Preßschablonen wurde in China, Japan, Persien und Indien gearbeitet. Ihre Blütezeit erlebte diese Technik im gesamten asiatischen Raum im 14. Jahrhundert. Den Einfluß dieser Stoffe und ihrer ganz speziellen Motive und Ornamente kann man aber auch bis nach Europa verfolgen – so findet man Wiedergaben solcher Textilien auf italienischen Gemälden des 14. Jahrhunderts. Auf einem recht ungewöhnlichen Untergrund wird in Indien bis heute mit Schablonen gearbeitet: Am Vorabend ihrer Hochzeit verzieren indische Bräute ihre Hände mit Henna. Sie legen dazu mit Mustern versehene Schablonen auf, die genau die Form einer Hand haben, und tupfen mit einem Stück Stoff Henna auf die Haut.

Preßschablone, Teakholz, 50 × 75 cm, 17–19 kg. Museum für Völkerkunde, Basel

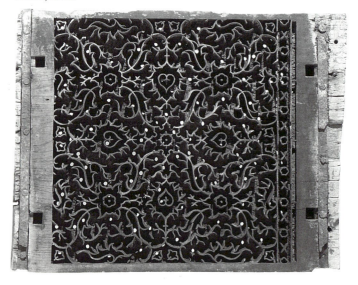

Preßschablonierter Seidenstoff, um 1800. Museum für Völkerkunde, Basel

Europa

In Europa wußte man ebenso wie im Fernen Osten schon sehr früh um die praktischen Möglichkeiten der Schablonentechnik. Griechische Textilien sind freilich nicht mehr erhalten, sondern lediglich ihre Abbilder in Form von Skulpturen oder Darstellungen auf Keramik. Nach der Theorie des Antikenforschers de Caylus wurden die Muster auf etruskischen Vasen mit Schablonen aufgetragen –Schablonen aus dünnen, biegsamen Kupferblechen, die sich leicht um die Vasenform biegen ließen und exakte Konturen erzeugten. Dieses Gebiet ist jedoch bislang nur wenig erforscht.
Belegt ist aber, daß der römische Rhetor Quintilian (30–93) vorgeschlagen hat, die Schablone als Hilfe beim Schreibenlernen einzusetzen: Ungelenke Jungenhände (Mädchen wurden noch lange Zeit vom Privileg des Schreibenkönnens ferngehalten) könnten schneller lernen, den Stift innerhalb ausgeschnittener Buchstaben zu führen, als jeden Buchstaben mühsam frei zu malen. Aus demselben Grund benutzte Theoderich, König der Ostgoten (474–526), eine goldene Schablone für seine Unterschrift: Als Mann des Schwertes hatte er Schwierigkeiten mit der Feinmotorik, wenn es an die Handhabung kleinerer Gegenstände ging. Hölzerne Unterschriftschablonen benutzten auch der römische Kaiser Justinian (seine Signatur war »J U S T«) und der fränkische Kaiser Karl der Große. Als Hilfsmittel bei der Gestaltung von Terrazzomosaik wurden Schablonen schon im 7. vorchristlichen Jahrtausend eingesetzt. Aus dieser Zeit stammt ein feingeschliffener rotbrauner Terrazzoboden mit weißen Streifen, den man in Çayönü Tepeşi im Südosten der Türkei gefunden hat. Die dekorativen geometrischen Muster in diesen Böden aus feiner Steinstreu wurden mit Schablonen gelegt. Setzschablonen kamen auch bei den Ornamentfüllungen und Rapportmustern griechischer und römischer Mosaiken zum Einsatz. Beim Nereidenmosaik in Aquileia (Ende des 3. Jahrhunderts n. Chr.) läßt sich die Benutzung von Schablonen und Setzlatten deutlich erkennen. Auch das Motiv des laufenden Hundes in diesem Mosaik wurde mit Hilfe einer Schablone ausgefüllt. Hier ist man, was den Einsatz von Schablonen angeht, ausnahmsweise einmal nicht nur auf indirekte Rückschlüsse und Vermutungen angewiesen: Bei Ausgrabungen auf Delos wurde eine bleierne Setzschablone mit einem ganz ähnlichen Motiv gefunden.
Die Erkenntnis, daß in der Antike die Wände nicht etwa in kargem, klassischem Weiß erstrahlten, ist relativ neuen Datums: Erst in unserem Jahrhundert fand man Reste kunterbunter Bemalungen und gelangte langsam, ja beinahe widerwillig zu der Erkenntnis, daß Tempel, Burgen und sogar Grabmäler über und über bemalt waren und – nach unserem heutigen Verständnis – eher Jahrmarktsbuden ähnelten als unserem hehren Antikenideal. Daß diese Bemalungen – von denen nur noch winzige Spuren erhalten sind – zum Teil auch mit Schablonen ausgeführt wurden, können wir nur vermuten. Die Forschung der nächsten Jahrzehnte wird auf diesem Gebiet zweifelsohne noch viel und Überraschendes zutage fördern.

Als das Papier von China aus im 13. Jahrhundert seinen Weg nach Europa fand, tat sich ein ganz neues Anwendungsgebiet für Schablonen auf. Kunstgegenstände konnten sich im Mittelalter nur Adlige und Kirchenfürsten leisten. In Schlössern und Gutshöfen, Kathedralen und Klöstern gab es kostbare Gobelins und Stickereien, Schnitzereien und Metallarbeiten, Glas und Elfenbein. In die oft düsteren und fast immer beengten Unterkünfte von Bürgern, Bauern und Dienstboten brachten lediglich ein paar eigene Handarbeiten oder Mitbringsel von Pilgerfahrten und Jahrmärkten ein bißchen Farbe und Schmuck. Durch Handel, Kreuzzüge und Eroberungen rückten der Osten und der Westen näher aneinander,

Nereidenmosaik, Aquileia, 3. Jahrhundert

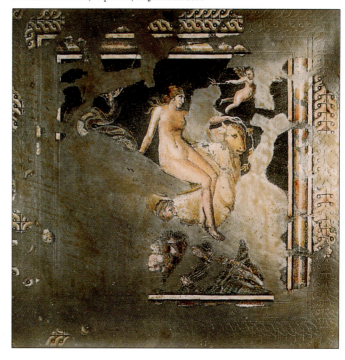

Zur Geschichte der Schablonentechnik

und zwei neue Errungenschaften bereicherten das Leben der einfachen Leute. Spielkarten brachten Unterhaltung in den wenigen freien Stunden, und leuchtend bunt gedruckte Bilder boten sich als neuartiger Wandschmuck an. Durch Holzschnitt und Schablonentechnik, die ersten Mittel zur massenhaften Vervielfältigung von Bildern und Schriften, kamen neue Farben auch ins Leben der einfacheren Leute. Spielkarten und Bilddrucke müssen fast gleichzeitig entstanden sein; was von beidem zuerst aufkam, ist bislang nicht geklärt. Es ist jedoch durch Funde belegt, daß Spielkarten von der Mitte des 15. Jahrhunderts an in Spanien, Italien, Frankreich und Deutschland hergestellt wurden, und zwar auch mit Hilfe von Schablonen. Die ältesten Spielkarten wurden meist auf zwei verschiedene Arten gefertigt: Entweder wurden schwarze Umrisse mit Schablonen hergestellt und die Karten dann, ebenfalls mit Schablonen, koloriert, oder man bediente sich für die Umrisse des Holzschnittverfahrens und kolorierte dann mit Schablone. Seltener, aber besonders schön sind Karten, die in reiner Schablonentechnik ohne schwarze Umrisse hergestellt wurden. Bei den ältesten, die auf vor 1440 datiert werden, weisen die rohen, archaisch wirkenden Figuren zahlreiche Bruchstellen in den Umrißlinien auf, was eher auf den Gebrauch von Schablonen mit ihren Stegen als auf Holzschnitt schließen läßt. Mit zunehmender Massenfertigung setzte sich jedoch für die Herstellung der Umrißlinien der Holzschnitt als das schnellere und rationellere Verfahren durch. Koloriert wurde jedoch nach wie vor mit Schablonen.

Mit dieser Technik wurden auch Andachtsbildchen hergestellt. Neben Christus- und Heiligendarstellungen war der

Maria im Strahlenkranz, kolorierter Holzschnitt, um 1460. Kupferstichkabinett, Staatliche Museen zu Berlin, Preußischer Kulturbesitz

Spielkarten, deutsch, Mitte des 16. Jahrhunderts. Nürnberg, Germanisches Nationalmuseum

  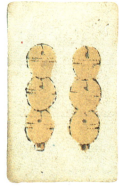

weitverbreitete Marienkult Gegenstand vieler Bilder. Sie wurden gesegnet und als Heils- und Glücksbringer verkauft. Diese Bilder wurden in großen Mengen hergestellt und fanden weite Verbreitung.

Zu Beginn des 16. Jahrhunderts hatte sich das Kolorieren von Holzschnitten mittels Schablone schon etabliert. 1568 erschien das Buch »Panoplia, omnium illiberalium, mechanicarum aut sedentariarum artium genera continens« mit lateinischen Texten von Hartmann Schopper und Holzschnitten von Jost Amman (1539–1591). Die deutsche Ausgabe, »Eygentliche Beschreibung aller Stände«, enthält Verse von Hans Sachs, der die Stände und Berufe im Gegensatz zur lateinischen Ausgabe durchaus wertend schildert. Unter all den Holzschnitten finden wir auch den »Briefmaler«. Darauf sieht man einen Maler, der in seiner Werkstatt mit Quast und Farbe Bilddrucke stupft; Arbeitsmaterial steht auf einem Kasten im Vordergrund, am Fenster liegen Papierstapel. Der Text in der lateinischen Ausgabe lautet übersetzt: »Mit verschiedenen Farben schmücke ich alle Abbilder, die der Künstler mir in einfacherem Aussehen gab. Hier hilft mir überall der tüchtige Pinsel und dekoriert meine Arbeit mit fließenden Gewändern. Jedem verleihe ich die Farbe, die ihm zusteht. Allen Dingen gebe ich ihren eigenen Glanz.« Bei

Hans Sachs gibt der unterforderte und unterbezahlte Maler seinem Unwillen über das Arbeiten mit »Patronen« – Schablonen – Ausdruck.

In den nächsten zweihundert Jahren scheint sich an der Schabloniertechnik nicht viel geändert zu haben. Beleg dafür ist eine recht ungewöhnliche Darstellung einer »Kartenmacherin«. Sie gehört zu einer Serie von Kupferstichen, die um 1740 im Verlag von Martin Engelbrecht in Augsburg erschien. In den Stichen werden die Berufe jener Zeit durch Figuren personifiziert, die in die Werkzeuge und Produkte ihres jeweiligen Gewerbes gekleidet sind. Die Kartenmacherin trägt bezeichnenderweise das, was ihr am meisten am Herzen liegt, auch am nächsten zum Herzen: Ihr Mieder wird von einer großen Schablone gebildet.

Im 17. und 18. Jahrhundert wurden Schablonen bei der Gestaltung von Notenbüchern benutzt – sowohl für die Noten selbst als auch für reichverzierte Initialen der Texte, später auch für die gesamten Texte. Ein für uns besonders interessantes Exemplar ist ein Graduale (liturgisches Buch mit den Gesängen der Messe), das 1755 von einem gewissen »U. Boddaert« für die Augustinerabtei zu Loo in Flandern angefertigt wurde. Interessant ist es auch deshalb, weil seine Einleitung aus einem Brief an den Abt besteht, in dem der Prozeß des Schablonierens beschrieben wird. Das Buch hat 332 Seiten; die reichverzierten Initialen wurden mehrfarbig mit Schablonen hergestellt, bei den figürlichen Darstellungen sind die Umrisse mit Hilfe von Schablonen entstanden, während die Bilder vermutlich von Hand koloriert wurden.

Holzschnitt aus dem »Ständebuch« von Jost Amman, 1568

Seite aus einem Graduale, Flandern, 1755. Yale University Music Library

Zur Geschichte der Schablonentechnik

Eine der wichtigsten Quellen, aus denen wir etwas über schablonierte Bücher wissen, ist Fischer von Waldheims »Beschreibung von typographischen Seltenheiten nebst Beyträgen zur Erfindungsgeschichte der Buchdruckerkunst« (1800–1804). In diesem Werk beschreibt der Bibliothekar der Universität zu Mainz die Vielfalt der Drucktechniken, die zu seiner Zeit verbreitet waren. Von seiner Reise nach Paris brachte er zum Beispiel eine Beschreibung der Schablonenschneider mit und berichtet von Straßenverkäufern, die auf dem Pont Neuf Schablonen für Ornamente, Blumen, Buchstaben und vieles andere feilboten. Über diese kleinen Handwerker wissen wir jedoch wenig – in die Annalen gingen, wie meistens, auch hier nur die ganz Großen ihrer Zunft ein. Zum Beispiel ein gewisser Claude Renard aus Lüttich, der 1736 in Mainz aktenkundig wurde, weil ihm aufgrund seiner überragenden Fähigkeiten die Steuern erlassen wurden. Renard war berühmt für seine außerordentlich schönen und präzise geschnittenen Schablonen, die zum Dekorieren von Wänden, Papier, Textilien usw. benutzt wurden – höchstes Lob von seiten der Stadtväter verdiente er sich damit, daß er sein Wissen bereitwillig an Berufskollegen weitergab. Fischer von Waldheim lieferte eine genaue Beschreibung von der Vielzahl der Muster, die Renard entworfen hatte.

Um 1870 herum benutzte man die Technik des Schablonenkolorierens von Drucken auch bei der Herstellung von Zeitungen. Das gedruckte Titelbild wurde mehrfarbig koloriert, und zwar mit stark verdünnter Wasserfarbe in sehr zarten Farben, so daß das Endergebnis sehr fein und weder »schablonenhaft« noch »holzschnittartig« wirkte. Das Kolorieren etwa so einer politischen Karikatur, wie wir sie auf S. 94 zeigen, ging sozusagen in Fließbandarbeit vonstatten: Pro Farbe gab es eine Schablone, jeder Arbeiter trug »seine« Farbe auf und reichte das Blatt dann zum nächsten Arbeiter mit der nächsten Farbe weiter. Man kann deutlich erkennen, daß hier die Farbe nicht aufgestupft, sondern mit einem Quast über die Schablone gestrichen wurde – die Spuren von Borsten sind deutlich zu sehen.

Die frühesten erhaltenen Zeugnisse von bemalten – und vermutlich schablonierten – Bauwerken stammen aus dem Mittelalter. James K. Colling vermutet in seinem Werk über Dekorationsmalerei in England, daß schon lange vor der Schlacht bei Hastings im Jahre 1066 hölzerne Kirchen innen und außen in lebhaften Farben bemalt und schabloniert wurden. Allerdings sind von den Holzkirchen aus dieser Zeit nur noch Fragmente erhalten, Teile von Dachstühlen und Dachbalken. Bei Restaurierungsarbeiten in der Holy Trinity Church in Blythburg in der Grafschaft Suffolk fand man zum Beispiel ein Blumenmotiv auf weißem Grund und das Christusmonogramm JHS.

Aus verschiedensten schriftlichen Quellen wissen wir jedoch, daß Schablonenmalereien in Kirchen schon im frühen Mittelalter in ganz Europa verbreitet waren. Eine hölzerne Kirche aus dem Spätmittelalter befindet sich in Dębno Podhalanskie in Polen. Die Kirche des Erzengels Michael aus der 2. Hälfte des 15. Jahrhunderts zählt zu den wertvollsten auf uns gekommenen Beispielen polnischer sakraler Holzarchitektur

Innenansichten der Schrotholzkirche in Dębno, Polen. Schablonenmalerei um 1500

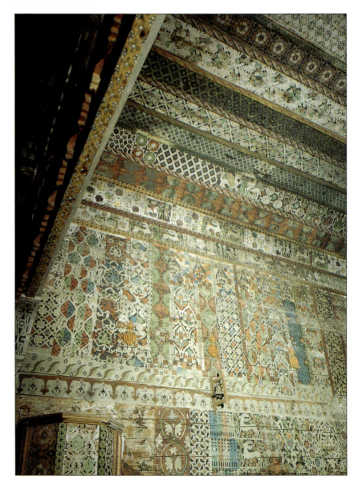

aus dieser Zeit – nicht nur wegen der dekorativen Zimmermannsarbeit, sondern vor allem wegen der vollständig erhaltenen Innenausmalung. Decke, Wände, Empore, Kanzel und Bänke sind über und über mit mehr als siebzig verschiedenen Schablonenmotiven bemalt. Die Ornamente und stilisierten figürlichen Darstellungen zeigen orientalische ebenso wie europäische Einflüsse. Wie in einem überaus prächtigen Musterbuch finden wir hier alle Elemente mittelalterlicher Ornamentik in einem einzigen Raum harmonisch zusammengefügt.

Während die meisten mittelalterlichen Holzkirchen durch Brände, Verfall oder Abriß vernichtet wurden, haben sich steinerne Kirchen aus dieser Zeit noch in großer Zahl erhalten. Auch sie waren meist mehr oder weniger üppig ausgemalt. Die Holz- oder Gewölbedecken trugen sehr oft Streumuster von kleineren Ornamenten. Besonders beliebt war eine sternenübersäte Decke oder Kuppel. Von diesen Sternenmotiven (lateinisch: »stincella« = Sternchen) und dem französischen Verb »enstenceler« (mit Sternen versehen, funkeln) leitet sich das englische Wort »stencil« für Schablone her.

Solche Streumuster findet man in vielen Kirchen: entweder gleichmäßig angeordnet oder locker verteilt, zum Teil aber auch ergänzt durch figürliche Darstellungen.

Ein besonders schönes und zeittypisches Beispiel sind die Engel, die Abschnitte des Gewölbes in der Krypta der Kirche von Iseure in Frankreich schmücken. Auf blaßgrauem Grund mit Streumustern von roten und schwarzen Sternen schweben die Engel in roten Gewändern, halb hinter kräftigen Wolken versteckt; ihre Heiligenscheine und Flügel sind gelb, die Buchstaben auf den weißen Schriftrollen sind mit den Jahrhunderten verblaßt. Bei dieser Decke wurden für die gesamte Komposition Schablonen verwendet, nur einige Details sind offensichtlich von Hand, möglicherweise aber zu einem späteren Zeitpunkt dazugemalt worden.

Schablonierte figürliche Darstellungen findet man bis weit ins Mittelalter hinein. In Schloß Runkelstein bei Bozen, um 1400 ausgemalt, sind noch alle Wandmalereien, ornamentale wie figürliche, schabloniert, bis hin zu den Händen, die in der Badestube einen Vorhang halten. Später ging man dazu über, bei Wandmalereien Figuren wieder von Hand zu malen und Schablonen vor allem für gemusterte Hintergründe, Muster auf Stoffen und ornamentale Rahmen einzusetzen.

Im 15. Jahrhundert ließen sich die Schablonenmaler auch von anderen Künstlern und Handwerkern inspirieren. Besonders gern ahmten sie mit Pinsel und Schablone textile Effekte nach und imitierten die zu jener Zeit sehr beliebten Brokat- und Wollstoffe. In vielen Kirchen trugen die Lettner – halbhohe, vor dem Altarraum eingezogene Scheidewände – Bemalungen, die nicht nur die Muster, sondern bisweilen auch Fall und Drapierung kostbarer Textilien nachahmten, und figürliche Darstellungen stellte man oft vor einen gemalten Hintergrund, der aussah wie ein üppig gemusterter Stoff. Manchmal wurden die für Schablonenarbeiten charakteristischen Umrisse mit Pinselarbeit kaschiert, wohl um den Anschein zu erwecken, es handele sich um ein komplett handgemaltes Werk.

Gewölbe der Kirche in Härkeberga, Schweden

Farbig ausgestaltete Kirchen entstanden auch in Skandinavien nach dessen Christianisierung etwa ab dem Jahr 1000. Der berühmteste schwedische Kirchenmaler des Mittelalters war ein Stockholmer, Albert malare, der den latinisierten Namen Albertus Pictor führte (um 1440–um 1509). Zu den zahlreichen Kirchen, die er und seine Gehilfen mit Darstellungen biblischer Szenen und dekorativen Ornamenten versahen, gehört die Landkirche im mittelschwedischen Härkeberga bei Enköping. Alle Wände und Gewölbe dieser Kirche

Detail aus dem Gewölbe der Kirche in Härkeberga

Zur Geschichte der Schablonentechnik

aus dem 15. Jahrhundert sind vollständig mit Figuren und Ornamenten geschmückt. Die Hintergründe der figürlichen Darstellungen und die Gewänder sind mit schablonierten floralen Ornamenten bedeckt. Schablonierte Bandornamente schmücken aber auch die gemalten Umrahmungen der figürlichen Darstellungen und die Rippen der Deckengewölbe. Neben den zahlreichen Kirchen, mit deren Ausmalung Albertus reich und berühmt wurde, gibt es in Schweden zahllose andere, die in ähnlichem Stil von Nachahmern und Nachfolgern gestaltet wurden. Auch in Dänemark findet man farbig ausgemalte Kirchen; als ein Beispiel unter vielen sei die Kirche in Fanefjord genannt, die vom Elmelunde-Meister in ähnlichem Stil wie die schwedischen Kirchen ausgestaltet wurde.

Charakteristisch für die Ornamentik des Mittelalters ist, daß in ihr viele verschiedene Einflüsse aus verschiedenen Zeiten und verschiedenen Gebieten der Welt zusammenkamen und zu einer eigenen Formensprache verschmolzen: Man griff zurück auf römische Quaderverbände, Steinschnittmuster, aber auch Rosetten- und Blattlaufmusterung, die weiterentwickelt und um Mäander-, Diamant- und Kosmatenmuster, Maßwerkfiligrane, Kreuzbogenfriese, Streu- und Bandornamentik mit Blatt und Blüten erweitert wurden. Daß diese Muster so weite Verbreitung fanden und so massenhaft vervielfältigt wurden, liegt natürlich auch daran, daß sie mit Schablonen aufgetragen und somit beliebig, ja unendlich reproduzierbar waren.

Nicht nur Kirchen, sondern auch Profanbauten wurden mit Hilfe von Schablonen geschmückt. Die reichen florentinischen und venezianischen Kaufleute ließen ihre Paläste prachtvoll ausmalen. Ein besonders schönes Beispiel dafür findet sich in Florenz, im Palazzo Davanzati aus dem 14. Jahrhundert. In einem der Schlafzimmer sind große Teile der Wände mit einem verschlungenen geometrischen Muster bedeckt. Hier wurden die Stege der Schablonen sehr geschickt in das Flechtornament integriert, nämlich in den sich überschneidenden Musterlinien.

In Skandinavien finden sich aus der Zeit vom ausgehenden 16. bis ins 17. Jahrhundert besonders schöne Beispiele für schablonierte Innenräume nicht nur in Schlössern und Kirchen, sondern auch in bäuerlichen Behausungen. Das farbige Bemalen und Ausmalen von Wohnhäusern hat in den

Schlafgemach im 2. Stockwerk des Palazzo Davanzati, Florenz

Zimmer eines Bauernhauses aus Hålsingland, Schweden

skandinavischen Ländern eine lange Tradition. Mit den kräftigen, leuchtenden Farben holte man in den langen, dunklen Wintern das Licht in die Stuben. Ein ungewöhnlich gestalteter Raum findet sich in einem Bauernhaus aus Hålsingland, das im Stockholmer Freilichtmuseum Skansen wiederaufgebaut wurde. Hier wurden die Wände mit an Damast oder Brokat erinnernden Flächenornamenten schabloniert.

Im ausgehenden 15. Jahrhundert waren schablonierte Dekorationen nicht nur auf Interieurs beschränkt – sogar die Außenwände von Häusern wurden mit Schablonenmalerei geschmückt; freilich sind die meisten dieser Verzierungen der Witterung, Zerstörungen oder der Modernisierung zum Opfer gefallen.

Um Wände zu schmücken, reichte es, sie farbig zu bemalen. Wollte man aber einen doppelten Nutzen haben und seine Mauern nicht nur verschönern, sondern auch noch Kälte, Hitze, Feuchtigkeit und Zugluft abwehren, so mußte man sie mit anderen Materialien verkleiden. Wandbespannungen aus textilen Materialien oder aus Leder sind schon aus der Zeit vor dem 14. Jahrhundert überliefert, sie bestanden jedoch aus kostbaren Stoffen und waren daher nur den Reichsten vorbehalten. Das aufkommende Bürgertum konnte sich solchen Luxus nicht leisten. Erst im 16. Jahrhundert hielten bedruckte oder schablonierte Buntpapierbogen als Wandverkleidung Einzug in die bürgerlichen Haushalte Europas. Der allererste Vorläufer einer Papiertapete wurde schon um 1510 im Christ's College in Cambridge verklebt: ein Fries aus lauter einzelnen Blättern mit sich wiederholenden Motiven, äußerst materialsparend auf die (leeren) Rückseiten der Blätter eines Buches gedruckt.

Als Vorgänger der Papiertapete gelten bestimmte Buntpapiere, die in Frankreich Dominopapiere genannt wurden. Diese schablonierten Bogen, die seit dem 16. Jahrhundert weite Verbreitung fanden, wurden jedoch nicht zum Verkleiden von Wänden benutzt, sondern für kleinere Flächen, etwa zum Ausschlagen von Schränken und Truhen. In Frankreich wurden diese 30 x 36 cm großen Papiere im Dutzend verkauft, in Schachteln verpackt. In den Dekors ahmte man die teuren Wanddekorationen des Adels nach: Textilien, Leder, Hölzer, Vertäfelungen. Bis ins 19. Jahrhundert hinein blieb die Schablonentechnik die billigste Art des Farb»drucks«, mal in Verbindung mit dem Holzschnittverfahren, mal ohne dieses. Nicht nur dekorative Papiere zum Ausschlagen von Schränken und Truhen wurden auf diese Weise hergestellt, sondern auch Lieder- und Notenblätter, bunte Blätter mit Märchen und Sagen, illustrierte Blätter – eine frühe Form der Zeitung –, Plakate und Gesellschaftsspiele.

Die Technik zur Herstellung von Dominopapieren wurde im 16. und 17. Jahrhundert immer mehr perfektioniert. Etwa um 1688 setzte der berühmte Meisterdominotier Jean Papillon die Schablone beim Kolorieren von Wandpapieren ein. In seinem Heimatland Frankreich ist er bekannt als »Vater der Tapete«, denn er war der erste, der Dominopapiere zu ganzen Rollen zusammenklebte und so die Tapete erfand, wie wir sie heute kennen.

Durch aufeinander abgestimmte Dominoblätter konnte er nicht nur Muster produzieren, in denen sich Motive fortlaufend wiederholten; durch Entwürfe, die aus lauter verschiedenen Blättern bestanden, konnte er auch große Bilder auf die Wände zaubern – Teppichimitationen, Landschaften, architektonische Ornamente.

Sein Sohn, Jean Baptiste Michel Papillon, fertigte 1738 eine Skizze des Ateliers »Au papillon« in der Rue Saint-Jacques an – geschäftiges Treiben in einem florierenden Unternehmen. Handwerker und Handwerkerinnen rühren die Farbe in den Kesseln, kolorieren die Papiere mit Schablonen, breiten die fertigen Blätter zum Trocknen aus und stapeln die getrockneten Dominopapiere zu Paketen. Man sieht sogar, wie die Wände abgewaschen und Risse mit Putz gefüllt werden, bevor die neue Dekoration angebracht wird.

Französisches Dominopapier, Chartres, um 1800. Koninklijke Bibliotheek, Den Haag

Zur Geschichte der Schablonentechnik

1723 zollte Savary des Bruslons diesem Papier, das lange Zeit nur von der Landbevölkerung und von den ärmeren Parisern benutzt wurde, einen zeitgenössischen Tribut: »Gegen Ende des 17. Jahrhunderts werden die Papiertapeten so perfektioniert, daß man nicht nur große Mengen ins Ausland und in die bedeutendsten Städte des Königreiches exportieren kann; es ist auch in Paris kein noch so vornehmes Haus, das nicht irgendwo, sei es in Garderoben oder an noch geheimeren Orten, mit hübschen Papiertapeten geschmückte Wände hätte« (Dictionnaire universel de commerce).

In England sind nur noch wenige schablonierte Tapeten aus dem 18. Jahrhundert erhalten geblieben. Ein besonders schönes Beispiel ist ein Tapetenfragment von ca. 1750 aus dem Holly Tree House in Colchester, Essex. Dort war ein Zimmer ganz mit Schablonentapeten ausgekleidet. Das Muster der Tapete ist ausschließlich mit Schablone – ohne Holzschnittechnik – gefertigt. Man kann deutlich erkennen, daß mit mehreren Schablonen und mehreren Farben übereinander gearbeitet wurde. Das Schloßmuseum von Colchester hat sich im übrigen ganz der Schablonenkunst verschrieben; dort sind besonders schöne Erzeugnisse dieses Handwerks ausgestellt.

Gleichzeitig mit der Entstehung der Papiertapete aus Dominopapieren kam eine andere Form der bürgerlichen Wanddekoration auf, die Flock- oder Streutapete, eine Imitation der sehr kostbaren und nur für wenige erschwinglichen Brokat- und Samttapeten, die zunächst auf einem Untergrund aus Leinwand, später auf Papier hergestellt wurde. Zum erstenmal erwähnt wurde die Technik jedoch schon erheblich früher: 1470 taucht sie in einem Rezeptbüchlein des Nürnberger Katharinenklosters auf. Grundstoff für diese Tapeten war Scherwolle, ein Abfallprodukt aus der Tuchweberei, das beim Scheren der Stoffe anfällt. Diese weißen Wollabfälle

Flocktapete, deutsch, 17. Jahrhundert. Kunstmuseum Düsseldorf

Tapetenfragment, um 1750. Holly Tree House, Colchester

wurden entfettet, gefärbt, getrocknet und schließlich fein gemahlen – Endprodukt war der sogenannte Flock.

Die Tapetenherstellung war dann eigentlich recht einfach: Das Papier wurde zunächst mit den gewünschten Grundfarben und -mustern bedruckt. Sobald es trocken war, trug man per Schablone Leim auf die Stellen auf, die das samtartige Muster tragen sollten. Die Tapete wurde, geleimte Seite nach unten, auf einen Kasten gelegt, dessen Boden aus straff gespanntem Kalbsleder bestand und mit Flock bestreut war. Dann schlug der Tapetenmacher mit zwei Stöcken auf das »Trommelfell«. Dadurch flog der Flock auf und setzte sich auf den mit Leim versehenen Stellen fest. Überschüssiger Flock fiel wieder ab und ließ sich später erneut verwenden.

In England und Holland wurden ab etwa 1560 Tapeten in dieser wertvolleres Material vorgaukelnden Technik angefertigt. Man unterscheidet zwei Arten von Flocktapeten: Beim Samtpapier wird das Papier über und über gleichmäßig mit Wollstaub bedeckt und dann mit Farbe ein Muster aufschabloniert, beim Velourspapier dagegen bildet nur der aufgestreute Wollstaub das Muster.

Zweifarbige Flocktapeten gibt es in den Beständen des Victoria and Albert Museums, zum Beispiel eine Tapete von 1735, Rot auf blassem Rosa, die einst die Wände eines Büros schmückte. In zahlreichen anderen Museen ist die eine oder andere Flocktapete erhalten. Eine Flock-Ledertapete findet sich zum Beispiel im Steen-Vleeshuis-Museum zu Antwerpen.

Bei Lederarbeiten – besonders bei Ledertapeten – war die Schablone ein gängiges Hilfsmittel. Bei dem im 18. Jahrhundert so beliebten Ledermosaik wurden mit Hilfe einer Schablone Muster aus einem Lederstück ausgeschnitten, das dann auf eine Unterlage aufgeklebt wurde. Andersfarbiges, nach derselben Schablone ausgeschnittenes Leder wurde eingelegt. Aber Ledertapeten gab es schon vom 16. Jahrhundert an; sie wurden mit kleinen Schlageisen und Punzen geprägt und dann mit Hilfe von Schablonen mit Ölfarben bemalt und reich vergoldet. Das aufschablonierte Muster diente gleichzeitig als »Passer«, damit man die bemalten Bahnen präzise zusammennähen konnte.

In der Mitte des 18. Jahrhunderts kam dann ein neuer Impuls aus England: Fernöstlich inspirierte Dekortapeten, eine verbesserte Flockingtechnik und bessere Leimfarben auf dicken, soliden Tapeten in leuchtenden Farben hatten in Frankreich sofort großen Erfolg. Besonders die samtartigen, unter dem Namen »Papiers bleus d'Angleterre« bekannt, erfreuten sich großer Beliebtheit. Erst damit gelang der Tapete der ganz große Durchbruch; sogar der Hof schmückte seine Wände mit den edlen Papieren, und vom stillen Örtchen (oder dem Wandschrank) machte die Tapete nun endgültig den Schritt in die gute Stube.

Kurz vor Beginn des Industriezeitalters hatte die Kunst des Tapetenmachens damit einen Grad der Vollkommenheit erreicht, der auch von späteren Generationen nicht mehr übertroffen wurde. Gleichzeitig war dies das – vorläufige – Ende der schablonierten Tapete: Statt personalaufwendigen Arbeitens mit einfachen Mitteln waren nun zeit-, arbeitskräfte- und geldsparende Produktionsmethoden gefragt.

Im 19. Jahrhundert kamen in Europa mit der Rückbesinnung auf alte Werte auch die alten Techniken wieder zu Ehren. In Deutschland heißt diese Epoche Historismus, in England Viktorianisches Zeitalter. Man verwendete Stilelemente vergangener Zeiten, baute und dekorierte Häuser, Kirchen und öffentliche Gebäude in neugotischem, neuromanischem oder neubarockem Stil. Ein sehr eigenwilliges Beispiel für diese Rückbesinnung ist die Restaurierung der mittelalterlichen Wartburg im 19. Jahrhundert. Dabei wurden die Räume mit Darstellungen mittelalterlicher Legenden geradezu überfrachtet. Hier schufen sich die Menschen ein Idealmittelalter nach den romantischen Vorstellungen ihrer Zeit. Bei den monumentalen Wandgemälden der Maler Moritz von Schwind und Michael Welter, die ab 1854 die Wände mit Darstellungen des Sängerkriegs auf der Wartburg und anderer Sagen und Legenden schmückten, kamen auch mittelalterliche Techniken wieder zum Einsatz. Um die riesigen Flächen mit Ornamenten zu füllen, benutzten die Künstler Schablonen, die es ihnen erlaubten, die großen Säle in präzisen, regelmäßigen Mustern auszumalen.

Auf der Wartburg befindet sich aber auch ein besonders schönes Beispiel spätgotischer Schablonenmalerei auf Möbeln: ein großer grauer, aus einfachen Kiefernbrettern zusammengefügter Sakristeischrank, verziert mit schwarzen

Spätgotischer Schrank, um 1480. Eisenach, Wartburg

Ornamenten und einem Fries aus Hirschen und Bäumen. Um 1480 gefertigt, ist er eins der wenigen erhaltenen schablonenverzierten Möbelstücke aus dieser Zeit.

Bis zur Mitte des 19. Jahrhunderts fanden sich dekorative Malereien hauptsächlich in Kirchen, in öffentlichen Gebäuden, in den Wohnungen des Adels und des gehobenen Bürgertums. Erst um die Mitte des Jahrhunderts entstand das Dekorationsmalerhandwerk als eigenständiger Beruf zwischen dem Künstler und dem Tüncher. Im Zuge der neuen Dekorfreudigkeit wurden viele Kirchen der verschiedensten Stilepochen aufwendig neu oder ergänzend ausgemalt. Diese Art der Kirchenausmalung galt in den sechziger und siebziger Jahren unseres Jahrhunderts als verpönt, und sehr oft wurden die Malereien entfernt oder überstrichen. Heute jedoch legt man sie wieder frei. Ein Beispiel unter vielen ist

Zur Geschichte der Schablonentechnik

Altarraum der Kirche St. Jakobus, Eschlkam, Bayerischer Wald

die romanische Pfarrkirche St. Jakobus in Eschlkam im Bayerischen Wald. 1902 wurde sie nach Skizzen des Regensburger Kirchenkunstateliers Vitus Borowitzka von einer Kirchenmalfirma mit Schablonenmalerei ausgeschmückt. 1983 wurden die Malereien, die durch Nässe fast völlig zerstört waren, von der Firma Fromm aus Parsberg nach den Originalskizzen restauriert.

In Gründerzeithäusern war die Schablonentechnik allgegenwärtig und begegnet uns auch heute noch auf Schritt und Tritt: nicht nur in den Wanddekorationen der Treppenhäuser (siehe S. 64 f.), sondern auch in geätzten Glas- und Spiegelscheiben, in den berühmten Mettlacher Bodenfliesen der Firma Villeroy & Boch und in den vielfarbigen, zum Teil plastischen Wandfliesen.

Zeitgleich mit der eher städtischen Mode des Historismus gibt es aber auch Beispiele für eine eher bäuerliche Ausmalung von Häusern, bei der wie in alten Zeiten Leim- oder Kaseinfarbe mit Hilfe von Schablonen direkt auf den Putz aufgebracht wurde. Da durch das Heizen mit Holz die Wände sehr schnell verrußten, wurden sie einmal im Jahr neu gestrichen und dabei auch jedesmal völlig neu gestaltet. Ein hervorragendes Beispiel ist ein Hopfenbauernhaus aus Eschenbach im Fränkischen Freilandmuseum von Bad Windsheim. In jedem Zimmer dieses Hauses fand man vier oder fünf verschiedene Schichten aufschablonierter Dekorationen (siehe S. 65). In Bauernhäusern hat das Dekorieren mit Schablonen eine lange, ununterbrochene Tradition. Neben Wänden wurden auch Möbel mit Schablonendekors verziert (siehe S. 63).

Nach dem rückwärtsgewandten Historismus entstand innerhalb weniger Jahrzehnte eine Vielzahl von Stilen und Bewegungen, in denen Künstler und Kunsthandwerker neue Ausdrucks- und Gestaltungsformen suchten. Das Arts and Crafts Movement in England, Jugendstil oder Art nouveau in vielen europäischen Ländern, die Wiener Sezession – gemeinsam war diesen Richtungen eine intensive Beschäftigung mit der Natur, die sich in sehr stilisierter und dekorativer Form in vielen Entwürfen wiederfand. Wände, Möbel und Textilien wurden mit oft floralen und sehr klaren Ornamenten geschmückt, wofür die Schablone das ideale Werkzeug war. Anders als im Historismus wurden die Stege der Schablonen nicht mehr kaschiert, sondern in das Muster integriert.

Auch der englische Architekt und Maler William Burges (1827–1881), beeinflußt vom Arts and Crafts Movement, benutzte bei seinen Wand- und Möbeldekors Schablonen. Im Victoria and Albert Museum sind einige seiner schönsten Stücke zu sehen, oft nur sparsam, aber wirkungsvoll dekorierte Schränke, zum Teil mit floralen Motiven. Aber auch

Schabloniertes Möbelstück von William Burges. London, Victoria and Albert Museum

Henry van de Velde, Tabakgeschäft der Havana-Compagnie in Berlin, 1899

humoristisch angehauchte Tierdarstellungen gehörten zum Repertoire des Architekten – einen Wandschrank ließ er von zwei spiegelsymmetrisch aufschablonierten, bissig aussehenden Hunden bewachen, die den Neugierigen warnten: »Beware« steht beim einen, »I bite« beim anderen.

Der um die Jahrhundertwende aufkommende Jugendstil bezog seine Inspirationen ebenfalls aus der Natur, aber auch aus der seit Mitte des 19. Jahrhunderts herrschenden Japanmode. Mit den Arbeiten des Architekten Victor Horta in Brüssel ab 1892 schaffte Art nouveau endgültig den Durchbruch – ob Modern Style, Liberty oder Floreale, ganz Europa wurde vom Einfluß des Jugendstils ergriffen. Der erste eigene Stil des technischen Zeitalters war völlig durchkonzipiert. Interieurs, bei denen sich der Architekt um jedes Detail kümmerte, entstanden als starker Kontrast zu vollgestopften viktorianischen Behausungen.

Es ist nicht verwunderlich, daß im 19. und bis hinein in die dreißiger Jahre des 20. Jahrhunderts die Schablone eine Renaissance erlebte, vor allem bei der Gestaltung von Wänden. Künstler und Handwerker besannen sich auf die Eigenheiten der Schablone, nämlich ihre eindeutige, schlichte Klarheit, und versuchten ihren speziellen Reiz für ihre Arbeiten fruchtbar zu machen. Der belgische Architekt Henry van de Velde (1863–1957), einer der Väter des Jugendstils, brachte mit verschlungenen, gleichwohl strengen Linien frischen Wind in die guten Stuben und verlieh der Aufbruchsstimmung zu Beginn des neuen Jahrhunderts Ausdruck. Wie viele andere Jugendstilkünstler bediente er sich – besonders bei den Wandmalereien – gern der Schablone.

Der schottische Architekt und Designer Charles Rennie Mackintosh (1868–1928), der nicht nur viele Möbelklassiker der Moderne, sondern auch die Kunstakademie in Glasgow entwarf und in Deutschland mit seinem Entwurf für das »Haus eines Kunstfreundes« (1901) Bedeutung erlangte, benutzte bei seinen schlichten, strengen Möbeln Bezugsstoffe, die mit Schablonenmustern versehen waren. Designer von Stoffen, Keramik und Tapeten in Europa und Amerika bevorzugten wieder verstärkt Schablonen. Der in Barcelona geborene und in Venedig arbeitende Modeschöpfer Mariano Fortuny (1871–1949) beispielsweise, der in seinen Entwürfen genial die Pracht vergangener Zeiten mit zeitlos-modernen Schnitten zu kombinieren verstand, schuf neben seinen legendären Plissees auch prunkvolle Samtstoffe, die in Flocktechnik schabloniert waren.

Von der Jahrhundertwende an wurde es schwierig, Schablonentechnik von anderen Verfahren zu unterscheiden: Viele der Muster, die typische Merkmale von Schablonenarbeiten aufweisen, wurden schon in zeitsparenderen industriellen Verfahren hergestellt, auch wenn der Designer seine Entwürfe noch in Schablonentechnik ausprobiert hatte. Die Verhältnisse hatten sich plötzlich umgekehrt: Hatte man in früheren Jahrhunderten mit der Schablone kostbarere und aufwendigere Verfahren zu imitieren getrachtet, so stand jetzt der spezielle Reiz der Schablone so hoch im Kurs, daß man ihn mit anderen Verfahren imitierte. Die Londoner Stoffirma Liberty, der französische Keramiker Maurice Dufrène und der Tapetendesigner Charles Francis Voysey waren nicht die ein-

Zur Geschichte der Schablonentechnik

zigen, deren Arbeiten den Anschein erweckten, als seien sie mit Hilfe von Schablonen entstanden. Musterbücher für Schablonen kamen auf den Markt; eines der ersten war 1898 M. P. Verneuils »L'ornementation par le pochoir«. 1911 erschien »Artistic and Decorative Stencilling. A Practical Manual on the Art of Stencilling on Paper, Wool and Textile Fabrics for Home Adornment and Articles of Dress«.

Aber es gab nicht nur Beispiele für die ganz eigene Ästhetik dieser Technik, sondern auch viele Versuche, mittels Schablonen vielleicht für »wertvoller« gehaltene Oberflächen zu imitieren. So wurde im Verkaufskatalog der Firma Ludwig Wieser aus Graz um 1900 eine Schablone zur Holzimitation, eine sogenannte Fladerschablone (siehe S. 49), als neueste Erfindung angepriesen. Mit der 110 cm langen, »äußerst dauerhaften« Schablone könne man, so der Katalog, dreißig Füllungen in einer Stunde leicht schablonieren.

Das Geschäft mit der Schablone blühte: Schablonen wurden aus Karton, Kupfer-, Messing- und Zinkblech, Zelluloid und Leder hergestellt. Für ständig wiederkehrende kleine Formen gab es Durchschlageisen in Kreis-, Stern-, Zacken- und Bogenformen. Fertig präpariertes Schablonenpapier kam gegen Ende des 19. Jahrhunderts in den Handel.

Es entwickelte sich ab der Jahrhundertwende eine ganze Schablonenindustrie. Jetzt konnten die Maler aus einer Unzahl von Musterbüchern auch gebrauchsfertig geschnittene Schablonen bestellen oder sie aus Dekorationszeitschriften kopieren. Die Auswahl war riesig. Neben floralen, oft stark stilisierten, sehr vom Jugendstil beeinflußten Mustern, wie sie für die Gestaltung der guten Stube beliebt waren, wurden einfachere Muster für Flur und Treppenhaus angeboten, aber auch allerlei gegenständliche Motive: Tiere und Figuren fürs Kinderzimmer, Kaffeekännchen, Obst und Gemüse für die Küche, ein Wildfries fürs Jägerstübchen und zum Zweck des Raumes mehr oder weniger Passendes für Cafés, Gaststätten und Vereinslokale. »Es wurde jeder Blödsinn gekauft«, wie sich ein zeitgenössischer Maler ausdrückte.

In der Zeit nach dem Ersten Weltkrieg entstanden neue kulturelle Strömungen. Die expressionistischen Architekten in Deutschland entwickelten unter dem Motto »Mehr Farbe ins Leben!« völlig neue Ideen für die Gestaltung von Innenräumen, Fassaden und gar ganzen Städten. Kräftige Farben in kühnen Kombinationen und starke Helldunkelkontraste waren typisch für diese Phase. Künstlerische Ideen fanden weite Verbreitung, da sie in Dekorationszeitschriften und Schablonenbüchern veröffentlicht wurden. Unter dem Einfluß der Bauhausarchitektur verschwand die herkömmliche Dekorationsmalerei; jetzt waren einfarbige Wände in zarten Farben oder flächendeckende, kleinteilige Strukturen in monochromen Tönen gefragt. An die Stelle der üblichen gestupften Schablonierarbeiten traten schablonierte Spritzmuster.

Tafeln aus Musterbüchern der Schablonenindustrie, um 1920

In anderen europäischen Ländern und den USA setzte sich im Anschluß an die Art nouveau als neuer Dekorationsstil die Art deco durch. Wände, Keramik und Textilien wurden in Schablonentechnik mit geometrischen Mustern dekoriert. Charakteristisch für die Dekorationen im Art-deco-Stil sind mit Spritzpistole und Schablone erzeugte Kontraste aus harten Kanten und zarten Farbverläufen. In den dreißiger Jahren kamen bei den Wanddekorationen Wisch- und Sprühmuster in Mode (siehe S. 47).

Das Arbeiten mit Schablonen, besonders mit Fertigschablonen, rief auch kritische Stimmen auf den Plan, die das Schablonieren als eine der Freihandmalerei unterlegene Technik hinstellten. Seinerzeit hieß es in einem Lehrbuch des Maler- und Lackiererhandwerks: »Mit der Anwendung der Schablone wurden viele geistige Qualitäten, die im Malerhandwerk steckten, vernichtet ...« Etwas gnädiger wird mit denjenigen verfahren, die ihre Schablonen wenigstens selbst entwerfen: »Diese Tatsache käme einem mildernden Umstande gleich.« Ob es nicht besser ist, bei nur spärlich vorhandenen »geistigen Qualitäten« auf einen qualitätsvollen Fremdentwurf zurückzugreifen, statt sich selbst mit der Entwurfsarbeit und den Auftraggeber mit einem dilettantischen Ergebnis zu quälen, wollen wir an dieser Stelle dahingestellt sein lassen. Schließlich ist nicht jeder Anstreicher ein Maler, nicht jeder, der einen Pinsel schwingt, ein Künstler.

Während Schablonenmalerei auf Wänden eine lange Tradition hat, wurden Schablonen beim Dekorieren von Keramik erst ab dem 19. Jahrhundert häufiger benutzt. Schon lange vorher jedoch übertrug man mittels eines perforierten Papiers Muster auf Keramiken – auch eine Art Schablonentechnik. Mit ziemlicher Sicherheit hat man im 16. Jahrhundert in Spanien blauweiße Fliesen in Schablonentechnik mit maurischen Mustern versehen, und auch bei anderen Fliesen und bäuerlicher Keramik finden sich Beispiele für diese Technik. Ähnlich wie Drucke auf Papier kolorierte man bisweilen auch auf Keramik aufgebrachte Umrisse mit Hilfe von Schablonen. Sehr selten findet man Schablonendekors auch auf frühen Porzellangeschirren. Im späten 18. und frühen 19. Jahrhundert wurden die Marken bei französischem Porzellan und Fayencen mit Schablonen aufgetragen.

Waren Schablonenmuster auf edlem Porzellan selten und bei Keramiken kaum häufiger zu finden, so war die Technik des Schablonierens beim massenhaft hergestellten Armeleutegeschirr, emailliertem Blech, eher die Regel als die Ausnahme.

Das Wort »Email« geht auf das althochdeutsche Verb »smelzan« zurück, das sich nicht nur zu unserem »schmelzen« weiterentwickelt hat, sondern auch dem mittellateinischen »smeltum« und dem altfranzösischen »esmal« – woraus »émail« wurde – zugrunde liegt. Als Technik zum Verzieren von Edelmetallen war das Emaillieren, das Aufschmelzen von Glasflüssen, schon den alten Ägyptern bekannt, aber erst Mitte des 18. Jahrhunderts erfand man ein Verfahren, gußeiserne und kupferne Töpfe durch einen Emailüberzug vor Rost und Säure zu schützen.

Meist wurde und wird eine mehrschichtige Emaillierung aufgetragen: Die erste eingebrannte Schicht, das Grundemail, enthält Kobalt- und Nickeloxid, die für die Haftungsreaktion sorgen. Vor dem zweiten Brand wird das farbige Deckemail aufgetragen. Soll das Stück nicht einfarbig bleiben, wird das Dekor nach dem zweiten Brennen angebracht, worauf ein erneuter Brand erfolgt. Das Mischungsverhältnis der verwendeten Emailfarben war damals noch wohlgehütetes Betriebsgeheimnis.

Ab 1870 arbeiteten zahlreiche Betriebe mit der von dem Franzosen Japy erfundenen Ziehpresse. Das billig und massenhaft hergestellte Blechgeschirr und -küchengerät wurde, dem Zeitgeschmack entsprechend, sehr oft in Form und Dekor als Imitation edlen Porzellangeschirrs gestaltet. Bei dekoriertem Blechgeschirr findet man deshalb auch meist Weiß als Grundfarbe. Zunächst wurde das Geschirr noch handbemalt, aber auch beim Dekor ging man bald zu rationelleren Fertigungsmethoden über: Man arbeitete vorwiegend mit Schablonen, seltener brachte man die Umrisse mittels Steindruck auf den Untergrund und kolorierte dann von Hand. Emailliertes Blechgeschirr wurde in allen europäischen Ländern produziert und überallhin geliefert.

Chinesische Emailgeschirre, 1920–1980

Um die Jahrhundertwende sehr beliebt waren Spritzdekors, bei denen mit einer Negativschablone (siehe S. 47) der Grund teilweise abgedeckt und der Hintergrund abschattierend gespritzt wurde. Für jede Farbe gab es eine eigene Stanniol- oder Bleischablone – dünne Metallschablonen waren für diese Technik besonders geeignet, weil sie sich auch um gebogene Teile legen ließen. Die Schablonen wurden an den Rändern so eingeschnitten, daß man sie an Teile mit Tüllen oder Griffen anlegen konnte. Schattierungen oder verlaufende Farben ließen sich durch Regulieren des Farbstrahls erzielen.

Zur Geschichte der Schablonentechnik

Alte Emailgefäße haben längst den Ruch des Armeleutegeschirrs verloren und sind zu begehrten Sammlerobjekten geworden, die auf Flohmärkten beachtliche Preise erzielen. Schablonenverziertes emailliertes Blechgeschirr ist seit seiner Erfindung immer produziert worden, erfreut sich aber besonders seit den sechziger Jahren dieses Jahrhunderts wieder großer Beliebtheit. Was heute bei uns auf den Markt kommt, stammt meistens aus chinesischer Massenproduktion. Bei den naiven Blumendekors mit ihren leuchtenden Farben wird der Gebrauch der Schablone nicht vertuscht – gerade das macht den Charme dieses Geschirrs aus.

Fast zeitgleich mit dem blechernen Armeleutegeschirr kam ein anderes preiswertes Geschirr auf den europäischen Markt. Schon gegen Ende des 18. Jahrhunderts begann die berühmte englische Porzellanmanufaktur Wedgwood sich neue bürgerliche Käuferschichten zu erschließen. Neben kostbaren Porzellangeschirren produzierte sie nun auch das weitaus billiger herzustellende Steingut. Bis gegen Ende des 19. Jahrhunderts war dieses Steingutgeschirr in Form und Dekor den wertvollen Porzellangeschirren nachempfunden.
Die Firma Villeroy & Boch war eine der ersten, die Künstler engagierten und mit deren Hilfe Entwürfe auf den Markt brachten, die nicht mehr billiger Ersatz für das kostbare Porzellan, sondern eigenständige Schönheiten waren. Es entstand ein eigener »Steingutstil« – mit einer expressionistischen und einer rationalistisch-konstruktivistischen Phase, »Neuer Sachlichkeit« und schließlich der Suche nach »zeitlosen Urformen«.
Die massengefertigten Steingutgeschirre wurden im Gegensatz zu den handbemalten Porzellangeschirren meist mit Schablonen dekoriert – zunächst in Nachahmung gemalter Dekors, später in eigenständigen Schablonendekors. Die Schablonenmuster wurden mit Pinsel oder Schwamm aufgetragen.
Um die Jahrhundertwende begann man auch mit der Spritzpistole, dem sogenannten Aerographen, zu arbeiten. In den zwanziger Jahren führte die Spritz-Schablonentechnik zu ganz eigenen Dekorationsstilen. Die russischen Konstruktivisten arbeiteten ebenso mit dieser Technik wie die Kunsthandwerker der Art deco, die Designer des Bauhauses und die Keramiker der Bunzlauer Schule. Im schlesischen Bunzlau wurde schlichtes, funktionales Geschirr entwickelt, das im Sinne einer rigorosen Moderne mit noch nie dagewesenen Dekors versehen wurde. Benutzt wurden Schablonen in einfachsten geometrischen Formen. Wenige kräftige Farben wurden in zarten Farbverläufen aufgesprüht. Bunzlauer Keramiker arbeiteten für zahlreiche Firmen, und so fanden diese Geschirre weite Verbreitung (siehe S. 82).
Interessant ist übrigens in diesem Zusammenhang, daß ähnliche Art-deco-Keramik mit vergleichbaren Spritz-Schablonendekors zur gleichen Zeit in Frankreich, England und den USA hergestellt wurden, dort allerdings als Luxus-, nicht als Volksgeschirre. Die Produkte von Bunzlau, Kahla-Leuchtenburg und Gräfenroda galten in Deutschland tatsächlich auch als »Kommunistengeschirr«.
Mit dem Aufkommen des Nationalsozialismus verlor Deutschland nicht nur den Anschluß an die internationale Entwicklung auf allen Gebieten der Kunst und Kultur, sondern auch die im Lande selbst entstandenen neuen Strömungen wurden unterbunden. Das typische Bunzlauer Schablonen-Spritzdekor mit seinen Ecken und Streifen galt plötzlich als »großstädtisch« und »international«, mit einem Wort: als »undeutsch«. Jüdische Firmenbesitzer und Kreative, die sich um die Durchsetzung des neuen Stils verdient gemacht hatten, wurden enteignet und fortgejagt oder deportiert.
Nach dem Zweiten Weltkrieg knüpfte man in Deutschland mit der langsamen Rückkehr zum normalen Alltagsleben zaghaft an die Designtraditionen der zwanziger und dreißiger Jahre an. Im übrigen Europa und in den USA hielt sich die Art deco noch bis zum Beginn der fünfziger Jahre. Dann entwickelte sich ein recht verwegener, farben- und musterfreudiger Stil, in dem die Schablone zum vorläufig letzten Mal zum Einsatz kam. In den sechziger und siebziger Jahren ist sie nicht mehr zu finden. Muster wurden ausschließlich mit industriellen Fertigungstechniken produziert.
Seit Ende der achtziger Jahre kommen mit dem zunehmenden Umweltbewußtsein und der Rückbesinnung auf Natur und Natürlichkeit alte Handwerkstechniken zu neuen Ehren. In die kühle, sachliche Architektur fließen dekorative Elemente ein, wie am Beispiel des Fußbodens eines Bezirksrathauses in Köln zu sehen ist. Gaststätten wetteifern in origineller Innenausmalung. Londoner Kaufhäuser führen handschablonierte Keramiken, Einrichtungshäuser bieten handbedruckte Textilien an. Wohnzeitschriften propagieren den neuen dekorativen Stil, der, wie immer beim Aufkommen neuer Tendenzen, seine Inspiration aus vielen Quellen bezieht und sich in viele verschiedene Richtungen entwickelt. Mit dem dekorativen Stil ist auch das Dekorationshandwerkszeug Schablone wieder zurückgekehrt.

Gottfried Böhm, Fußboden im Bezirksrathaus Köln-Kalk

Amerika

In den ersten Jahren der Kolonisierung Nordamerikas hatten die Einwanderer aus der Alten Welt Wichtigeres im Sinn als »Schöner Wohnen«. Sobald aber das Nötigste – Land, Ställe, Haus – gesichert war, kam der Wunsch nach ein wenig Luxus auf. Man begann mit dem, was am einfachsten zu haben war: Um ein bißchen Farbe auf die Wände zu bringen, brauchte man nichts weiter als ein paar Pigmente, Pinsel oder Quast – und Schablonen.

Schablonierte Wände waren leichter zu bewerkstelligen als tapezierte – die Wand mußte nicht eben sein, und man konnte die Muster auch eigenwillig geschnittenen und verwinkelten Wänden anpassen. Die Arbeiten wurden, wenn nicht von den Bewohnern selbst, dann von reisenden Handwerkern ausgeführt. Die waren meist zu Pferd unterwegs. Die Schablonen, die sie mitführten, mußten deshalb einigermaßen stabil sein und häufiges Zusammenrollen aushalten. Sie bestanden daher meist aus dickem Papier, das mit Öl und Farbe oder sogar Schellack getränkt war, vereinzelt auch aus Leder. Feine Muster ließen sich in diese dicken Materialien nicht schneiden, es überwiegen schlichte und klare Ornamente.

Die Farbpigmente wurden an Ort und Stelle angerührt, und zwar mit ganz verschiedenen Flüssigkeiten, sehr häufig mit Magermilch. Vom Standpunkt des Konservators sind diese »Milchfarben« übrigens eine Katastrophe – so bemalte Wände sind keineswegs abwaschbar, und manche schöne Wandschablonierung ist wohl dem Reinlichkeitssinn des Besitzers zum Opfer gefallen. Die zarten bis morbiden Töne, in denen sich diese Wandmalereien heute präsentieren, geben uns einen ganz falschen Eindruck: Die Farben waren ursprünglich klar und kräftig, keine Pastelle, keine abschattierten Töne, und sind nur im Laufe der Jahre oder Jahrhunderte verblaßt.

Ihre Blütezeit erlebte die Schablonenmalerei Anfang des 19. Jahrhunderts in Neuengland. Die Siedler zierten ihre Häuser mit Ornamenten, wie sie sie aus ihrer Heimat kannten: Deutsche Auswanderer aus dem Rheintal brachten heimische Farben und Formen in ihre neue Heimat Pennsylvania, Siedler englischer Herkunft, besonders die aus East Anglia, führten ihre Tradition in der Neuen Welt fort.

Die erste nachgewiesene schablonierte Wandverzierung wird auf das Jahr 1778 datiert. Damals richtete ein gewisser Abner Goodale sein Haus in Marlborough, Massachusetts, völlig neu her – in freudiger Erwartung seiner Braut Molly Howe aus dem zwei Meilen entfernten Ort Sudbury. Von den neun Räumen des Hauses wurden damals fünf mit prachtvollen Schablonendekors versehen. Ob diese Malereien von der Hand des Hausherrn stammen, ist nicht bekannt. Abner Goodales Haus bildet vor allem in konservatorischer Hinsicht eine Ausnahme: Sieht man einmal davon ab, daß die Farben ausgeblichen sind, so schauen die Wände noch genauso aus wie 1778. Der Holzfußboden, die Möbel und Stoffe – alles ist so geblieben wie zur Entstehungszeit, keine elektrischen Leitungen, keine Heizkörper trüben das authentische Bild. In den meisten anderen amerikanischen Häusern sind die noch erhaltenen schablonierten Wände restauriert worden. Meist waren die ursprünglichen Wandverzierungen unter dicken Tapetenschichten verschwunden, waren überstrichen worden, mit der Zeit fast völlig verblaßt oder mit dem abbröckelnden Putz von der Wand gefallen. Wer sich die Mühe machte, eine schablonierte Wand zu restaurieren, malte entweder die verblaßten Farben mit dem Pinsel nach – wobei die ursprünglich scharfen Konturen der Schablonenornamente verlorengingen – oder pauste die Ornamente ab und schnitt danach Schablonen, mit denen er die Schönheit der Wandmalereien neu erstehen ließ. Oft waren die Ornamente oder die Wände selbst aber auch in so schlechtem Zustand, daß man nach gründlicher Bestandsaufnahme – Fotos von der Anordnung der Muster, Abpausen der Motive – auf den frisch verputzten Wänden die Dekorationen im alten Stil völlig neu malte. Manche Innendekorationen waren so schlecht erhalten, daß es für die Rekonstruktion nur wenige Anhaltspunkte gab – bisweilen waren in einer versteckten Ecke, etwa an der Rückwand eines Wandschranks oder in einem selten benutzten Raum, einige Ornamente dem Zahn der Zeit entgangen und zeigten noch die alten Konturen und Farben.

Ähnliche, bisweilen sogar identische Motive wie in Abner Goodales Haus in Marlborough findet man in vielen Häusern in Massachusetts. Eine ganz andere Art der Raumgestaltung weist das alte Peter-Jayne-Haus in Marblehead, Massachusetts, nahe bei Salem auf, das 1791 mit Schablonen ausgemalt wurde. Hier erstrecken sich die Muster nicht über die gesamten Wände, sondern bestehen aus Friesen mit geometrischen Elementen (Sterne, Rauten, Dreiecke), die Türen und Fenster umrahmen. Ähnliche Anordnungen finden sich auch im Haus des Gouverneurs Pierce in Hillsborough, New Hampshire, und im Ballsaal eines Wirtshauses in West Townsend, Massachusetts.

Über den Zeitpunkt, zu dem ein Raum oder ein Haus ausgemalt wurde, weiß man in der Regel nichts. So ist es als ein Glücksfall anzusehen, daß man für die Dekoration der

Zur Geschichte der Schablonentechnik

Schablonen, Pinsel und Model von Moses Eaton jr. und schabloniertes Wandstück, um 1825. Society for the Preservation of New England Antiquities, Boston

genannten Häuser in Marlborough und Marblehead Jahreszahlen angeben kann. Schablonierarbeiten findet man überall in Neuengland. Nur die räumliche Nähe oder stilistische Ähnlichkeiten lassen Rückschlüsse auf die Entstehungszeit zu. Die Identität der Maler hingegen bleibt in den allermeisten Fällen im dunkeln. Sie signierten ihr Werk nicht, aber manche hatten eine so unverwechselbare »Handschrift«, daß man zumindest ihre Arbeiten ein und derselben Person zuschreiben kann, auch wenn man deren Namen nicht kennt.

Bei den Wandmalereien in einem Haus in Ashfield, Massachusetts, sechzig Meilen westlich von Still River, steht ausnahmsweise der Name der Malerin fest. Lydia Eldredge Williams, geboren 1793, lebte seit 1812 mit ihrer Familie in diesem Haus, das sie nach und nach ausmalte. Fünf der Räume sollen ihr Werk sein. Ihr Lieblingsmotiv scheint ein kleiner Stapel Brennholz gewesen zu sein, aus dem rote Flammen lodern.

Zu den wenigen Schablonierern, die man namentlich kennt, gehört der in Hancock, New Hampshire, geborene Moses Eaton jr. (1796–1886). Er ist nicht nur deshalb erwähnenswert, weil man ihm etliche Arbeiten zweifelsfrei zuschreiben kann, sondern vor allem deshalb, weil seine intakte Handwerksausrüstung gefunden wurde, die Rückschlüsse auf die Arbeitsweise eines Schablonierers zuläßt. Zu seinem Werkzeug gehörten neben acht Pinseln achtundsiebzig Einzelschablonen, mit denen sich vierzig komplette Designs ausführen ließen – von einer großen Trauerweide bis zu den kleinen Herzen, Rauten und Punkten, mit denen er in der Motivmitte farbige Akzente setzte. Die Farben, die er benutzte, klebten noch an den dicken Papierschablonen: Rot, Gelb und Grün. Die Kanten hatte er schräg angeschnitten, um damit den Ornamenten schärfere Konturen zu geben. Paßmarkierungen hat Eaton offensichtlich nicht benutzt, sondern sich beim Plazieren der Motive lediglich an der geraden Oberkante der Schablone orientiert und sich im übrigen auf sein gutes Augenmaß verlassen. Achtundsiebzig Schablonen scheinen zwar nicht allzu viel zu sein, aber die Kombinationsmöglichkeiten sind natürlich unendlich groß. Im Gegensatz zu Eaton benutzte Erastus Gates, der etwa ab 1830 als Schablonierer arbeitete, Schablonen aus altem Leder, mit ein oder zwei Farbschichten überzogen, damit sie steif und glatt blieben.

In der Prescott Tavern in East Jaffrey, New Hampshire, fand man Wandverzierungen, in denen Freihandmalerei und Schablonentechnik geschickt kombiniert sind. Maler zogen von einem Ort zum anderen und waren in der Lage, in rekordverdächtiger »Schnellmalerei« ganze Wandgemälde, inspiriert durch die begehrten, aber teuren französischen Landschaftstapeten, herzustellen, indem sie Bildelemente wie Bäume, Zweige, Tiere, Schiffe und Häuser einfach aufschablonierten und mit Pinselstrichen zu einem gefälligen Ganzen verbanden. Der Maler Rufus Porter, der sein Handwerk um 1820 ausübte, rechnete knapp fünf Stunden, um

Das Stencil House, dekoriert um 1820, aus Sherburne, New York. Shelburne Museum, Shelburne

alle vier Wände eines Raumes komplett mit Landschaften zu bemalen – eine beachtliche Leistung, auch wenn man davon ausgehen kann, daß er wahrscheinlich noch einen Gesellen beschäftigte, der die Schablonen festhielt, während der Meister stupfte.

Teils schablonierte, teils frei bemalte Wände muß es seinerzeit in großer Zahl gegeben haben. Jedenfalls druckte der »Connecticut Herald« 1804 eine Anzeige ab, in der D. Bartling und S. Hall »die Damen und Herren von New Haven respektvoll davon in Kenntnis setzen«, daß sie direkt auf die Wände »jene vielbewunderte Imitation von bedrucktem Papier« aufbringen, und zwar »sehr viel besser, als es in diesem Bundesstaat üblicherweise ausgeführt wird«. Die Verfasser dieser Anzeige tun kund, daß sie »zur Zufriedenheit« der Kunden bereits in »verschiedenen Gegenden der Vereinigten Staaten« gearbeitet haben.

Auch in New Hampshire waren schablonenverzierte Wände offensichtlich weit verbreitet. Zum Teil weisen sie denselben Stil auf wie die in Massachusetts, andere aber, darunter das Haus des Gouverneurs Pierce in Hillsborough und das Bleak House in Peterborough, zeigen einen eleganteren, verfeinerten Stil. Ohne Zweifel stammen sie von der Hand ein und desselben Malers.

Bereits zu Beginn des 18. Jahrhunderts aber wurden auch Tapeten aus Frankreich und England in die neuen Kolonien geliefert. Diese Papiertapeten, ebenfalls schabloniert, erfreuten sich bald trotz ihres hohen Preises großer Beliebtheit. Dadurch angespornt, nahm die amerikanische Tapetenindustrie mit großer Energie die Produktion auf. Papiertapeten blieben dennoch ein Luxusgut, das sich nicht jeder leisten konnte. Es ist aber interessant zu verfolgen, welchen Einfluß die Tapetenmuster auf die Gestaltung schablonierter Wände hatten. Wer seine Wände mit Schablonenmalerei dekorierte oder dekorieren ließ, ahmte in den Mustern und in deren Anordnung oft die teuren Vorbilder nach: Friese und Bordüren sowie die Aufteilung der Wände in Bahnen. Zwar schufen die amerikanischen Handwerker einen ganz eigenen, unverwechselbaren Stil, die Inspirationen für ihre Arbeit bekamen sie aber aus Europa – nicht nur aus der Volkskunst der »alten Heimat«, sondern auch aus der jeweils herrschenden Mode. Die Ausgrabungen in Pompeji zum Beispiel beeinflußten zunächst einmal die Mode der Wandgestaltung in Europa – plötzlich waren in Bahnen und Paneele aufgeteilte Wände gefragt; und diese europäische Mode fand dann ihren Weg bis zu den schablonierten Wänden Neuenglands.

Nicht nur Tapeten, sondern auch Textilien, Stuck und Holzschnitzereien oder die Stilmerkmale der damals so beliebten Chippendale- und Hepplewhitemöbel empfand der Schablonierer mit Farbe und Pinsel nach – Girlanden, Weinranken, Säulen, Blumenfriese, Kränze, Sonnen, Vasen mit Blumen und Fächermotive übertrug er, den Möglichkeiten seiner Technik angepaßt, vereinfacht auf die Wände.

Blumenmotive fand der Schablonierer auf Geschirr und Möbeln, wenn er es nicht vorzog, sich seine Vorlagen direkt aus dem eigenen Garten zu holen. Eins der beliebtesten Motive war das Blatt – wir finden es auf vielen Wänden und fast allen schablonierten Möbelstücken. Im Handwerkszeug der Schablonierer fand man oft gepreßte Blätter, nach denen der Maler seine Schablonen ausschnitt. Häufig wiederkehrende Motive sind aber auch der Adler als Symbol der Unabhängigkeit, die Trauerweide (sie stand vermutlich für Unsterblichkeit, denn das Motiv ziert viele Grabsteine), die Glocke als Freiheits- oder Hochzeitsglocke, der Hirsch, der die Jagd symbolisiert, und die Ananas als Sinnbild der Gastfreundschaft.

Was damals vielleicht wie die Imitation eines reicheren Lebensstils mit ärmlichen Mitteln ausgesehen haben mag, mutet in der Rückschau ganz anders an: Die schablonenverzierten Wände aus dem vorigen Jahrhundert wirken heute leicht, heiter, schlicht und ausgesprochen modern, ihre pompösen Vorbilder dagegen überladen und altbacken.

Auch schablonierte Fußböden waren in Neuengland üblich, es sind jedoch verständlicherweise nur noch sehr wenige erhalten. Eine Handvoll der auf uns gekommenen Beispiele findet sich im Haus »The Lindens«, das ursprünglich in Danvers, Massachusetts, stand und 1936 Brett für Brett und Balken für Balken in Washington, D. C., wieder aufgebaut wurde. In diesem Haus gibt es fünf bemalte oder schablonierte Fußböden, darunter einen mit einem Weinrebenmuster. Die Farben schablonierter Böden waren meist gedämpft, gelbliches Grün, Braun und Ocker scheint eine beliebte Kombination gewesen zu sein. Die Motive waren simpler als die auf den Wänden. Mit stilisierten Blumenmotiven oder geometrischen Mustern ahmte man teure Bodenbeläge wie Holzeinlegearbeiten, Perser- oder andere Teppiche nach und entwickelte aus der für die Schablonentechnik nötigen Vereinfachung eine neue Dekorationsform.

Bei den mit Schablonenmalerei verzierten Möbeln schufen die amerikanischen Handwerker einen ganz eigenen Stil, wie man ihn nirgendwo sonst findet. In Nachahmung fernöstlicher Lackarbeiten dekorierten sie repräsentative Stücke wie Klaviere, Sofas, Tabletts, Wohnzimmerschränke und Tische, aber auch Gebrauchsmöbel wie Stühle mit Ornamenten in Gold-, Silber- und Bronzetönen, die bisweilen durch die Beimischung von Farben akzentuiert wurden. Die Technik war dabei immer die gleiche: Die zu dekorierende Fläche wurde dünn mit einer Mischung aus Lack und Terpentin bestrichen. Wenn diese nach ein bis zwei Stunden fast trocken war, legte der Maler eine dünne Papierschablone auf und tupfte mit einem kleinen Samtkissen die Metallpulver auf. Dabei wurde nicht der ganze Ausschnitt der Schablone gleichmäßig bedeckt, sondern man erzielte durch Abschattieren einen plastischen Effekt. Feine Einzelheiten wie Staubgefäße von Blüten oder die Adern von Blättern wurden nicht schabloniert, sondern mit einem winzigen »Kissen« aufgetragen, einem durch einen Federkiel gezogenen Lederstückchen. Mit diesem Werkzeug setzte man auch Glanzeffekte entlang der Konturen, so daß derartige Arbeiten bei flüchtigem Hinsehen wie handgemalt wirken. Blätter, Blüten, üppige Blumen- oder Früchtearrangements und überquellende Füllhörner sind typische Motive für diese Möbel aus der ersten Hälfte des 19. Jahrhunderts.

Solche Dekorationen wurden übrigens nicht nur auf Holz angebracht. Bisweilen schmückte man damit auch Glas-

Zur Geschichte der Schablonentechnik

Hitchcock chair. Shelburne Museum, Shelburne

flächen – die obere Hälfte von Spiegeln, die Scheiben von Vitrinenschränken oder Standuhren.

Wohl das berühmteste dieser schablonendekorierten Möbel ist der Hitchcock chair – so berühmt, daß der Begriff auch für Stühle benutzt wird, die nicht aus der Werkstatt dieses großen Stuhlfabrikanten stammen. Dabei war Lambert Hitchcock nicht der erste und bei weitem nicht der einzige Hersteller schablonierter Stühle. Ab 1821 stellte er diese Stühle in einer eigenen Manufaktur her und kennzeichnete sie – ebenfalls per Schablone – mit seinem Namen. Der Hitchcock chair wurde ein Verkaufsschlager. Man fand ihn nicht nur in den meisten Haushalten, er war auch der meistverkaufte Stuhl für Kneipen, Theater und Cafés. Typisch für den Hitchcock chair sind die kräftige und doch leichte Bauweise, die eckige Rückenlehne, die schlichte Sitzfläche aus Holz, Rohr- oder Binsengeflecht und natürlich die flachen Querstreben der Rückenlehne, die üppig mit schablonierten Ornamenten verziert sind. Auch die vordere Kante des Sitzes trug meist eine schablonierte Borte, die sich aber naturgemäß schnell abnutzte und bei alten Stühlen kaum noch zu sehen ist.

Zeitgleich mit den oben beschriebenen Möbeln entstand übrigens noch ein ganz anderer Typ, ebenfalls mittels Schablonen dekoriert, aber mit völlig anderer Ausstrahlung. In Pennsylvania fertigte man Möbel mit hellem Grundton, oft farbig grundiert, mit bunten Motiven, die ihre Inspiration eher aus der Bauernmalerei als aus japanischen Lackarbeiten bezogen. Dabei wurden Freihandmalerei und Schablonentechnik kombiniert und mit Metalleffekten Glanzpunkte in die bunten Ornamente gesetzt. Die zahlreichen holländischen Einwanderer, die sich in Pennsylvania niederließen, brachten diese folkloristischen Elemente wohl aus ihrer Heimat mit.

Schon gegen Ende des 18. Jahrhunderts hatte sich in Neuengland eine aufblühende Blechindustrie entwickelt. Blechdosen aller Art, Tabletts und Teespender wurden zu Tausenden hergestellt – meist von Hand und oft mit Schablone in bunten Farben verziert. Die schablonierten Muster und Dekors dieser Artikel, die man schon zu ihrer Entstehungszeit gern sammelte, waren bisweilen äußerst kompliziert und aufwendig.

Schablonenverzierte Textilien aus den Gründerjahren sind selten. Es handelt sich dabei immer um individuelle Handarbeiten, nicht um wie auch immer geartete Massenfertigung. In einigen Museen gibt es vereinzelt Bettdecken, Vorhänge oder Tischtücher, die mit Schablonendekors verziert sind. Der völlig eigene Stil, den man in den USA bei der Dekoration von Wänden und Möbeln entwickelt hatte, wurde noch bis gegen Ende des 19. Jahrhunderts beibehalten. Danach schlossen sich die USA der internationalen Entwicklung an. Die amerikanische Ausprägung der Art deco setzte starke eigene Akzente. In dieser Zeit spielte die Schablone noch einmal eine wichtige Rolle.

Ähnlich wie in Europa entstand auch in den USA gegen Ende der achtziger Jahre eine neue Begeisterung für alte Handwerks- und Dekorationstechniken, und man griff alte Muster und Ornamente wieder auf.

Schablonierte Baumwolltischdecke, um 1850, New Hampshire. Old Sturbridge Village, Sturbridge

Drei Schablonen zur Dekoration von Stoff oder Papier (1830–1840, Neuengland) und eine fertige Arbeit. Mit den Schablonen ließe sich eine sehr ähnliche Komposition schaffen. Society for the Preservation of New England Antiquities, Boston

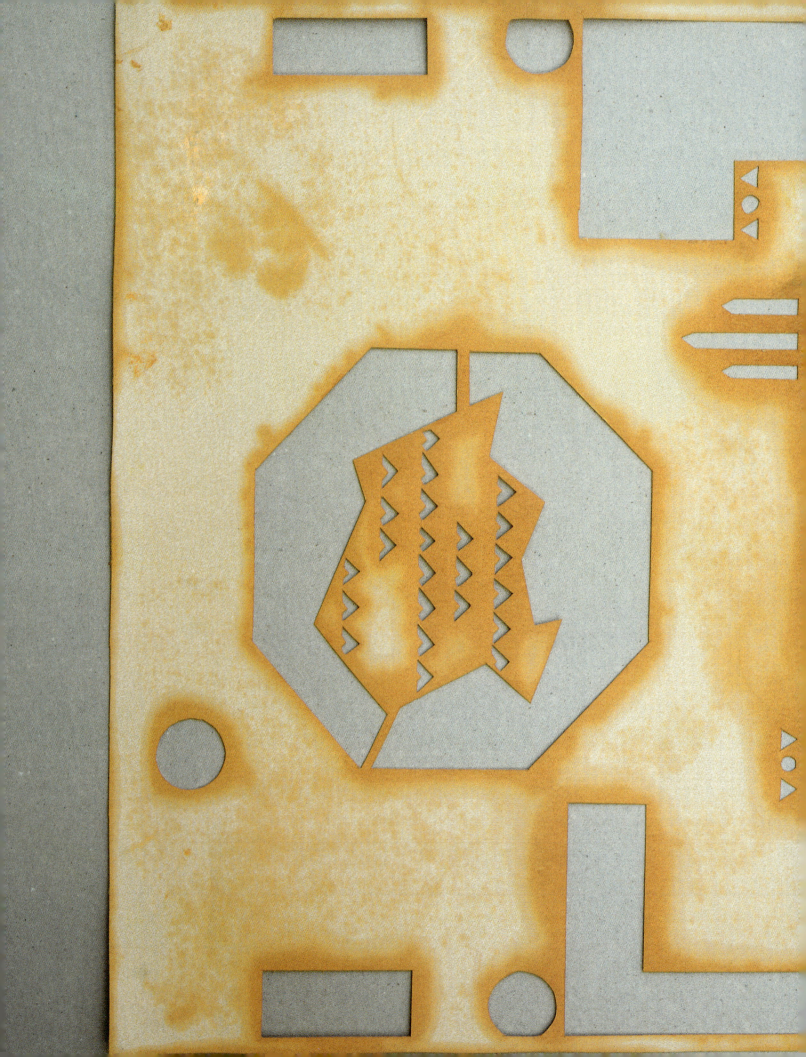

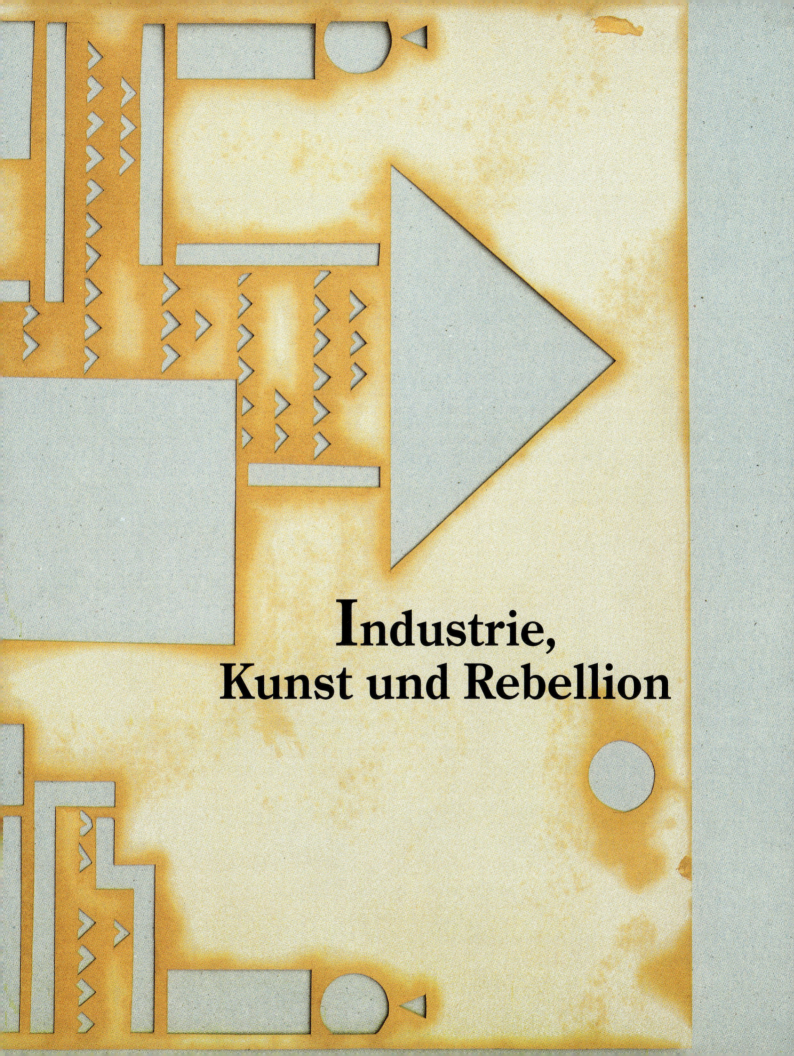

Industrie, Kunst und Rebellion

Industrielle Verwendung

Signierschablonen in einer Exportfirma

Gerade für die Verwendung in Industrie und Handwerk, wo es um größere bis sehr große Stückzahlen geht, bot sich die Schablone schon früh als Hilfsmittel an. Stellmacher, Spengler und Schuhmacher benutzten sie, um Konturen schnell und präzise aufzuzeichnen und dann auszuschneiden. Zu den ersten Warenverpackungen, die mit Hilfe von Schablonen gekennzeichnet wurden, gehörten Mehlsäcke, Teekisten und Whiskeyfässer, die nicht nur mit einer einfachen Inhaltsbezeichnung, sondern bald auch mit anregenden Bildern geschmückt wurden.

Auch heute noch ist die Schablone das einfachste und schnellste Mittel, Gegenstände klar, eindeutig und leserlich zu beschriften oder zu kennzeichnen. Ihre Vorteile liegen klar auf der Hand: Aufschablonierte Schrift ist dauerhafter als Aufkleber, einfacher und schneller anzubringen als eine Bemalung und billiger als eingeprägte oder eingebrannte Zeichen. Schablonierte Schriften oder Symbole findet man auf Kisten, Autos, Blechtonnen, Kartons, Eisenbahnwaggons, Schiffen, Holz, T-Trägern, an Schränken, Verteilerkästen und

Schablonierter Mehlsack aus dem Elsaß. Straßburg, Musée Alsacien

Stickschablonen

Industrielle Verwendung

Signierte Transportkiste

Türen, in Fabriken und öffentlichen Gebäuden. Auch die Marke auf Gegenständen aus Porzellan wird oft mit Schablone aufgetragen.

Alle Schablonen, die zum Bezeichnen von Gegenständen dienen, heißen Signierschablonen. Sie werden aus Zinkblech, Ölpappe oder Kunststoffolie hergestellt. Die Zinkbleche und Folien werden gefräst, die Ölpappen gestanzt. Dünnere Bleche, zum Beispiel solche aus Kupfer, werden geätzt – dazu gehören unter anderem die Stickschablonen, mit denen man Monogramme und Motive auf Stoff übertrug.

Schablonen und Maschinen zur Schablonenherstellung werden von Spezialfirmen produziert. Schrift- oder Zahlensignierschablonen aus Pappe werden mit einer Stanzmaschine hergestellt, die jeweils Buchstaben oder Zahlen nur einer Größe stanzt. Man kann nicht ganze Wörter »am Stück« stanzen, sondern nur jeden Buchstaben einzeln, da sich das komplette Alphabet und ein Ziffernsatz auf einer runden Scheibe befinden. So zahlt man auch bei Bestellungen pro Buchstabe, nicht pro Wort. Die Ölpappen, aus denen die Schablonen hergestellt werden, wiegen zwischen 400 und 450 Gramm pro Quadratmeter. Sie kommen zum überwiegenden Teil aus den USA.

Fertige Buchstaben- und Zahlenschablonensätze aus Blech sind im Fachhandel erhältlich. Früher wurden Blechschablonen halbmaschinell von vorgravierten Buchstaben übertragen und ausgefräst. Heute benutzt man bei der Herstellung schon häufig Computer, die nach der eingegebenen Vorlage und Größenangabe das Motiv aus Blech oder Folie ausfräsen. Jedes beliebige Motiv kann man als Schablone herstellen lassen, solange es Halter bzw. Stege hat.

Auf den Waggons der Deutschen Bahn kann man Schablonenbuchstaben sehen, die scheinbar ohne Stege auskommen. Das Geheimnis: Zinkblechschablonen, die nicht, wie normale Schablonen, völlig flach sind, sondern deren Stege wie kleine Brücken höher liegen. So kann man die Farbe auch unter die Stege sprühen, die dadurch in der fertigen Schrift nicht mehr auszumachen sind.

Zum Farbauftrag benutzt man bei Signierschablonen Pinsel, Rollen, Sprühflaschen, Signierstifte oder Spritzpistolen. Was für eine Farbe verwendet wird, hängt sowohl vom Untergrund als auch vom Gerät ab, mit dem man die Farbe aufträgt. Für jeden Verwendungszweck gibt es Spezialfarben: solche, die auf feuchtes Holz aufgetragen werden können, sehr hitzebeständige usw. Einen gleichwertigen Ersatz für Signierschablonen gibt es bis heute nicht, daher sind sie immer noch überall in Gebrauch, besonders im Exporthandel.

Bei technischen und Architekturzeichnungen wird ebenfalls sehr viel mit Schablonen gearbeitet. Im Handel erhältlich sind Schablonen für alle häufig wiederkehrenden Symbole und Elemente aus dem jeweiligen Fachbereich. Die Schablonen bestehen aus Kunststoff und werden mit Spezialstiften nachgezeichnet.

Manches sieht auf den ersten Blick gar nicht wie Schablonenarbeit aus, wird aber dennoch mit Hilfe von Schablonen hergestellt – alle gravierten Schilder beispielsweise, die man an Arztpraxen usw. sieht, werden mit Hilfe von Gravierschablonen angefertigt. Bei allen Gegenständen mit Ätzdekor sind Schablonen im Spiel; so entsteht zum Beispiel auch der Eichstrich an Gläsern nicht ohne sie.

Metallschablonen

Kunst und Rebellion

Künstler

Nicht nur in der Dekorationsmalerei, sondern auch in der bildenden Kunst hat man sich von jeher die Vorteile der Schablonentechnik zunutze gemacht. In der kunstgeschichtlichen Literatur sucht man Hinweise auf diese Technik jedoch meist vergebens: Der vom 18. Jahrhundert an herrschende Geniekult ging vom Künstler als begnadetem, ständig inspiriertem Individuum aus, das keine technischen Hilfsmittel benötigte, um seine einmaligen Werke zu schaffen.

Immerhin ist bekannt, daß der italienische Maler und Baumeister Giotto (1266?–1337) bei seinen Fresken auch mit Schablonen gearbeitet hat. Giotto gilt als der erste Maler einer neuzeitlichen Bildauffassung, der erste, der wirkliche

Sigmar Polke, »Hochsitz III«, 1985. Staatsgalerie Stuttgart

Paul Klee, »Monsieur Perlenschwein«, 1925. Düsseldorf, Kunstsammlung Nordrhein-Westfalen

Menschen in einer wirklichen Welt darstellte. Als Baumeister widmete er den Interieurs auf seinen Bildern genausoviel Sorgfalt wie den Figuren. Giotto hat die riesigen Fresken in Assisi, Padua oder Florenz natürlich nicht ganz allein geschaffen, sondern eine große Schar von Gehilfen beschäftigt, die nach seinen Entwürfen Hintergründe und vieles andere mehr malten – Darstellungen von bemalten Wänden, Kacheln, Stoffmustern und andere ornamentale Bestandteile seiner Werke wurden dabei in Schablonentechnik ausgeführt.

Sicherlich gibt es außer Giotto noch eine große Zahl anderer Maler, die mit Schablonen gearbeitet haben – die Kunstgeschichte schweigt sich darüber aus. Erst im 20. Jahrhundert, als die Künstler die modernen Reproduktionstechniken für ihre Zwecke fruchtbar machten, kam die Schablone in der Kunst wirklich zu Ehren: nicht als schamhaft verstecktes Hilfsmittel, sondern als eigenständig eingesetztes Gestaltungsmittel.

Inspiriert von den neuen Techniken der angewandten Kunst, entdeckten zuerst die Bauhauskünstler die Schablone für sich. Paul Klee, László Moholy-Nagy und Wassily Kandinsky arbeiteten in vielen Bildern mit der in den zwanziger Jahren allgegenwärtigen Schablonen-Spritztechnik. Henri Matisse ließ für sein 1947 erschienenes Buch »Jazz« nach seinen aus Papier geschnittenen Originalen Schablonen anfertigen und damit die Bildtafeln herstellen. Aber noch immer galt die Schablone weithin als »unkünstlerisch«, die Arbeit mit ihr als eine dem individuellen Pinseln unterlegene Technik.

Erst in den sechziger Jahren, als die Künstler der Pop art sich nicht nur aller modernen Vervielfältigungsmethoden bedienten, sondern diese sogar zur Essenz ihrer Kunst erklärten, verlor die Schablone endgültig alles Anrüchige. Jetzt arbeiteten Maler wie Roy Lichtenstein und James Rosenquist mit dem Siebdruckverfahren, das ja eine besondere Art des Schablonierens ist. Andy Warhols zahllose »Marilyns« sehen aus wie in Fließbandarbeit schablonenkoloriert. Bei seinem fünf Stockwerke hohen Wandbild »Mural With Blue Brushstroke« (1985) in der Atrium Lobby der Equitable Life Assurance Society of the United States in Midtown Manhattan stupfte Lichtenstein die typischen Rasterpunkte seiner Bilder mit Hilfe von Schablonen auf.

Ähnlich wie Roy Lichtenstein in seinem Kolossalgemälde zahlreichen Künstlern des 20. Jahrhunderts mit Zitaten seine Reverenz erweist, macht auch Sigmar Polke in seinem 1973 entstandenen Zyklus »Original und Fälschung« die Kunst zum Thema. Die Vieldeutigkeit der Inhalte findet Ausdruck in der Vielfalt der Mittel, zu denen nicht nur in den Werken dieses Zyklus, sondern auch in späteren Arbeiten die Schablone gehört. Polke benutzt sie in seinen Bildern nicht nur als Handwerkszeug, sondern vor allem als Stilmittel.

Als Graffiti salonfähig wurden und den Weg von der Straße in die Galerien und Museen fanden, brachten die Maler neben den Spraydosen auch ihre Schablonen mit in die heiligen Hallen der etablierten Kunst. Stellvertretend für viele andere seien der New Yorker David Wojnarowicz, der Amsterdamer Herman Brood und der Kölner Günther Zahn genannt. Alle drei benutzen seit den achtziger Jahren Schablonen; jedoch arbeiten sie auch mit anderen Maltechniken und bedienen sich weiterer Ausdrucksmittel wie Performance, Musik und Text. So verschieden ihre Arbeiten auch sind, so verleugnet doch keiner von ihnen seine Wurzeln in der Straßenkunst, und alle drei engagieren sich mit ihren Werken für politische Ziele.

Günther Zahn,
»Toxische Gelassenheit«, 1987

Herman Brood,
»Homesick Lou«, 1989. Utrecht,
Galerie Quintessens

Graffiti

»Narrenhände beschmieren Tisch und Wände« ist ein Spruch, den man immer noch aus dem Munde alter Damen hören kann, wenn sie mit den bunt bemalten und besprühten Wänden konfrontiert werden, die in unseren Großstädten fast auf Schritt und Tritt zu finden sind. Der Zug der Zeit ist an solchen Damen mit Hochgeschwindigkeit vorbeigefahren: Graffiti sind schon seit Jahren museumsreif, die einstigen Outlaws mit der Sprühdose rücken auf Bestellung an und schmücken stolzen Hausbesitzern die Fassaden, hinterlassen gegen eine kleine Bestechungssumme ihr prestigeförderndes Signet oder verzieren gar – wie der legendäre »Sprayer von Zürich«, Harald Nägeli – in alteingesessenen Wäschehäusern ganze Bettwäschekollektionen, auf daß sich der kapitalkräftige Käufer auf den teuren bunten Laken rekle, einem winzigen Stück Rebellion im ansonsten gediegenen häuslichen Ambiente.

Daß aber so mancher Graffitikünstler endlich auch einmal zu Geld kommen möchte, spricht ganz und gar nicht gegen diese Kunst als solche: Wo einer den Weg von der Straße ins Einrichtungshaus findet, wachsen draußen gleich zehn neue Rebellen nach.

Die Wurzeln der Graffiti im heutigen Sinne liegen – schließlich ist es eine Kunst der Nacht – im dunkeln. Sicher ist, daß in Paris ab 1963 der Sprayer Gérard Zlotykamien (geboren 1940) seine äußerst stilisierten Gesichter schreiender Menschen auf die Wände brachte – Reaktion auf den Atombombenabwurf über Hiroshima. Aber erst in den siebziger Jahren verbreiteten sich Graffiti in den Metropolen der westlichen Welt, wenn auch in unterschiedlichem Maß und in ganz unterschiedlichen Stilrichtungen. In New York und London verschönerten Sprayer in Nacht-und- Nebel-Aktionen die U-Bahnen. Brüssel und Paris entwickelten sich zu Zentren der Schablonengraffiti. Wie alle Graffitikünstler betrieben auch die »pochoiristes« (von »pochoir«, dem französischen Wort für Schablone) ihr Geschäft im Schutze der Dunkelheit, arbeiteten selbstverständlich anonym oder signierten ihre Bilder mit phantasievollen Pseudonymen wie Blek le Rat, El Assiston, Epsylon Point, Jef Aerosol, La Signe, Le rire du fou, Miss.Tic, Nice Art, Paella Chimicos, Surface Active oder UNiCUT. In anderen Großstädten signieren die Künstler ihre Werke nicht – ihre Handschrift bleibt trotzdem unverkennbar. In Berlin entstand das größte kollektive Graffito der Kunstgeschichte, als Sprayer die Berliner Mauer verschönerten, so weit sie mit der Dose reichen konnten.

In einem unterscheiden sich die »pochoiristes« von den anderen Graffitikünstlern: Ihre Motive sind exakt und praktisch unbegrenzt reproduzierbar, die Arbeiten entstehen in Serien, die sich jedoch nicht säuberlich an einem Ort befinden, sondern sich über die ganze Stadt verteilen. Einmal aufmerksam geworden, findet der Betrachter »sein« Motiv an den unerwartetsten Stellen und ertappt sich dabei, daß Gänge durch die Stadt zur Suche nach einem bestimmten Bild werden. Der Poichoiriste hat ein heimliches Netz ausgelegt, der zufällige Betrachter begibt sich auf Fährtensuche – der Beginn eines wunderbaren Dialogs zwischen Künstler und »Konsument«.

Die Motive sind so unterschiedlich wie die Künstler: Will der eine seine politische »message« an die Öffentlichkeit tragen, mit seinen Bildern gegen den Krieg protestieren oder mit Gedichten Denkanstöße geben, so verbreitet der andere ganz persönliche Botschaften.

Die meisten Bilder kommen jedoch ohne Botschaft aus. Jean-Christophe Bailly schreibt dazu in »Serigraffitis«: »Wahrscheinlich beabsichtigen sie nichts und sagen lediglich ›Hier bin ich‹, was Spaß macht, was ihre vergängliche Existenz mit dem Wandercharakter ihres Auftauchens verbindet. Und in diesem leichten ›hier bin ich‹ liegt die zarte Andeutung eines ›kommst du?‹ ohne bestimmte Anschrift.«

Graffiti sind Aufforderungen zum Dialog – auch der Künstler miteinander. Welche Verlockung, zu einem bestimmten Motiv etwas dazuzusprühen! Zu dem Spaß, in der angeblich so anonymen Großstadt seine ganz persönlichen Zeichen zu hinterlassen, und zur heimlichen Genugtuung, wenn man im hellen Tageslicht an den Ergebnissen seines nächtlichen Schaffens scheinbar unbeteiligt vorbeischlendern kann, gesellt sich der Nervenkitzel; denn schließlich ist das Anbringen von Graffiti immer noch Sachbeschädigung und kann als solche verfolgt werden. Es ist gar nicht so einfach, sich unauffällig mit einer Batterie Spraydosen – der Pochoiriste Paul Etherno nennt sie »den Pinsel des 20. Jahrhunderts« –, möglicherweise noch mit einer Atemschutzmaske und Gummihandschuhen in den Großstadtstraßen zu bewegen und bei der Arbeit darauf zu achten, daß möglichst keine verräterischen Farbspuren auf Kleidung und Haut zurückbleiben.

Der Schablonengraffitikünstler arbeitet mit einem zusätzlichen Handikap, muß er doch eine oder mehrere Schablonen von teilweise beträchtlicher Größe an seinen Wirkungsort transportieren. Um so stolzer wird er sein, wenn sein unverwechselbares Signet an möglichst vielen, möglichst weit auseinanderliegenden und möglichst augenfälligen Orten der Stadt zu finden ist.

Materialien und Techniken

Schablonentypen

Wie man Schablonen herstellt und damit arbeitet, werden wir auf den Seiten 51–61 erklären. Zunächst stellen wir die gängigsten Typen vor, und zwar anhand historischer Schablonen, wie sie zwischen 1900 und 1930 vielfach benutzt wurden.

Schablonen wurden unterschiedlich aufbewahrt: entweder liegend in Mappen mit Trennpapieren oder an speziellen Haltern aufgehängt, damit sie glatt blieben und die Stege sich nicht verkeilten. Rechts zwei Beispiele für Einzelmotive, die einfachste Art der Schablone: Ausgeschnitten ist jeweils das Motiv, das auf dem Untergrund dann positiv erscheint (Positivschablone), gearbeitet wird mit nur einer Farbe. Für mehrfarbige Motive (unten) werden mehrere Schablonen benutzt, für jede Farbe eine Schablone. Diese einzelnen Schablonen nennt man »Schläge« – ein einfarbiges Schablonenmotiv ist ein einschlägiges, ein mehrfarbiges ein mehrschlägiges. Man numerierte die einzelnen Schläge; bei selbst hergestellten Schablonen entwickelte jeder Maler sein eigenes Kennzeichnungssystem, bei industriell gefertigten Schablonen wurden kleine Löcher neben die Schablonennummer gestanzt. Damit mehrere Schläge paßgenau übereinanderlagen, versah man sie mit Paßmarken (kleine, an derselben Stelle im Motiv wiederkehrende Punkte oder in jedem Schlag wiederkehrende Motivteile).

1 Dieses Schwein im Wurstkranz zeigt sehr schön, wie die notwendigen Stege als integrale Bestandteile des Motivs eingesetzt werden können.

2 Charakteristisch für die Schablonen-Stupftechnik (siehe S. 54 f.) sind die harten Konturen. Bei sehr strengen, eckigen Ornamenten wie dieser stilisierten Jugendstil-Nelke verstärken die Konturen die Wirkung des Motivs.

3 Eine zweischlägige Schablone und (Mitte) das Ergebnis. Beim ersten

Schablonentypen

Schlag entstanden die roten Blüten, beim zweiten die grünen Stiele und Blätter.

4 Noch eine zweischlägige Schablone. Jeweils rechts unten die Kennzeichnung des Schlags, links und rechts oben im Motiv Paßmarken.

5 Das mit der zweischlägigen Schablone von Abb. 4 hergestellte Muster (die Paßmarken erscheinen als Punkte), außerdem Eck- und Streumotive sowie eine vertikale Bordüre.

Mit Schablonen kann man unterschiedlichste Mustereffekte erzielen. Horizontale Bordüren schließen Wandflächen nach oben oder unten hin ab oder teilen sie auf. Vertikale Bordüren gliedern Wandflächen. Spezielle Eckornamente dienen ebenfalls der Strukturierung von Flächen. Wiederkehrende Einzelmotive, Streumotive genannt, werden eingesetzt, um große Flächen zu mustern.

In den zwanziger und dreißiger Jahren kamen gesprühte Wandmuster in Mode. Meist arbeitete man mit Negativschablonen, bei deren Verwendung der Hintergrund des eigentlichen Motivs mit Farbe versehen (meist besprüht) wird, so daß das Motiv negativ, in der ursprünglichen Farbe des Untergrundes, erscheint. Die scharfen Konturen des Motivs bilden einen Kontrast zu den weich auslaufenden Rändern, die beim Sprühen entstehen. Die Muster waren wegen des Zeitgeschmacks klar in den Formen, aber auch, weil die derbere Pappe keine filigranen Motive erlaubte.

6 Negativschablone mit Weinflasche, Glas und Blättern; damit wurde die Wand einer Gaststätte geschmückt.

7 Eine Mischform aus Positiv- und Negativschablone, bei der durch einfache Formen sehr wirkungsvoll der Kontrast zwischen scharf konturiertem Motiv und verlaufenden Sprührändern genutzt wird.

8 Eine dreiteilige Sprühschablone, bestehend aus einem floralen Eckmuster und Wellenbordüren. Mit Hilfe solcher Schablonen schuf man Übergänge von einer Farbfläche zur anderen.

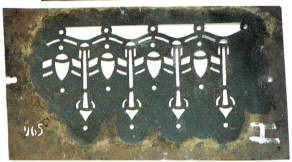

9 **10**

Auch mit relativ einfachen einschlägigen Schablonen lassen sich ziemlich komplizierte und äußerst dekorative Muster herstellen. Neben der Möglichkeit, Wände durch Streumuster und Bordüren zu gliedern, gibt es auch noch andere Möglichkeiten der Verzierung: flächendeckende Muster für Wände oder Eck- und Mittelornamente für Decken.

9 Zwei Rapportschablonen für Bordüren. Bei der oberen entsteht durch die Stege ein Mosaikeffekt. Die untere Bordüre wirkt durch die Anordnung der Stege fast wie eine Girlande.

10 Diese Einzelmotive eignen sich als Streumuster, aber auch als Eck- oder Zwischenelemente von Bordüren. Das Eckmotiv links oben verbindet dekorativ zwei rechtwinklig aufeinander zulaufende Linien. Mit der Schablone rechts unten wurden ausnahmsweise einmal drei Farben aufgestupft.

11 Neben ornamentalen waren in der Blütezeit der Schablonentechnik (Jahrhundertwende bis dreißiger Jahre) auch gegenständliche Motive und Bordüren beliebt, besonders für Gaststätten, Kinderzimmer oder Küchen.

12 Bei diesem Eckornament haben die Stege keine unterbrechende, sondern eine das Muster ergänzende Wirkung. Sie sind als – sehr zarte – Umrandung von Punkten gearbeitet. Alle bislang gezeigten Schablonen haben einen breiten Rand, um zu verhindern, daß man über die Schablone hinausstupft. Bei der hier abgebildeten hingegen ist der Rand sehr schmal gehalten, damit man das Muster möglichst dicht in Zimmerecken plazieren kann.

13 Mit Flächenornamenten wie diesem wurde häufig nicht die ganze Wandfläche vom Fußboden bis zur Decke schabloniert, sondern man ließ sie über einem farbig gestrichenen Sockel beginnen und etwa eine Handbreit unter der Decke enden, begrenzt durch einen farbigen Streifen oder eine schablonierte Bordüre. Oft wurde die Farbe der Decke bis zu dieser Begrenzung auf die Wand heruntergezogen.

13

11 **12**

Schablonentypen

Die Schablonenindustrie stellte in den ersten Jahrzehnten dieses Jahrhunderts massenhaft Schablonen her. Bei den Dekors bediente man sich hemmungslos aus dem Fundus vergangener Zeiten und imitierte alle möglichen Muster und Strukturen. Für jeden Geschmack war etwas dabei, und auch die Geschmacklosigkeit wurde gern bedient.

14

15

16

14, 15 Den industriell gefertigten Schablonen lagen genaue Farbmuster bei, damit der Maler wußte, welche Farbe er für welchen Schlag zu verwenden hatte. Maler, die sich zur Kreativität berufen fühlten, setzten sich bisweilen über die Herstellerangaben hinweg und arbeiteten nach ihren eigenen Vorstellungen – gut zu sehen an dieser zweischlägigen Schablone, mit der offensichtlich ein vierfarbiges Muster hergestellt wurde.

16 Eine sogenannte Fladerschablone, mit der die Maserung von Holz nachgeahmt wurde. Damit wurden auf Türfüllungen, Wandtäfelungen usw., die aus einfachem Holz hergestellt waren, teurere Holzarten imitiert. Bisweilen wurden solche Schablonen aber auch geradezu ironisch eingesetzt: Mit dieser Schablone arbeitete der Maler ganz bewußt und selbstbewußt, nicht um zu imitieren, sondern um eindeutig zu übertreiben.
Als Stege bzw. auch als Halter dienen hier lauter parallele Schnüre, auf die die Schablone aufgeklebt ist. Diese Schnüre verschieben sich beim Stupfen, so daß sie im fertigen Dekor nicht als Linien sichtbar sind.

17 Eine typische Borte des Historismus mit vagen Anklängen an die antike Ornamentik, wie man sie sich im 19. Jahrhundert vorstellte. Diese Borte ist eine Imitation von gedruckten Tapetenborten, die ihrerseits ursprünglich mit Schablonen hergestellt wurden. An diesem Muster sieht man deutlich, wie wichtig genaue Farbvorschriften für die Schablonen waren, denn bei so komplizierten und sich überlagernden Mustern wäre das Arbeiten für den Maler ohne präzise Farbvorgaben sehr schwierig gewesen.

18 Diese Bordüre ist besonders interessant, weil hier Positiv- und Negativschablonen zusammenwirken. Beim ersten Schlag wird mit einer Negativschablone das tiefe Dunkelgrün des Hintergrundes aufgebracht, während die Blätter weiß bleiben. Bei den weiteren fünf Schlägen entstehen die Früchte und die Lichteffekte auf den Blättern mit Positivschablonen.

17

18

Schablonen kann man aus Karton oder Kunststoffolie anfertigen. Neben den einfachen Folien gibt es selbstklebende, die auf der Rückseite mit einem abziehbaren Papier versehen sind, auf dessen matter Oberfläche man gut zeichnen kann. Für Airbrushing benutzt man Maskierfilm, eine Folie, die selbstklebend, aber leicht ablösbar ist. Die nicht selbstklebenden Folien sollten eine Stärke zwischen 0,14 und 0,30 mm haben, damit sich die Schablone beim Stupfen nicht zusammenrollt. Im Fachhandel ist ein vorbehandelter Schablonenkarton erhältlich, der jedoch ziemlich dick und daher nur für gröbere Formen geeignet ist. Besser ist es, relativ glatte, dichte und feste Kartons zu benutzen, die wenig saugfähig sind und beim Ausschneiden nicht fasern. Am besten geeignet sind Kartons mit einem Gewicht zwischen 250 und 350 Gramm pro Quadratmeter. Außer dem Karton oder der Folie für die Schablone benötigt man noch Transparentpapier, um Motive von einer Vorlage durchzuzeichnen, und Kohlepapier, um das durchgezeichnete Motiv auf den Schablonenkarton zu übertragen.

Herstellung einer Schablone

20

Arbeitsanleitung:

20 Zeichnet man sein Motiv nicht frei, so gibt es zahllose Wege, Vorlagen zu finden. Hier wurde eine Rose aus einem Gartenbuch ausgewählt und mit einem Fotokopiergerät, das vergrößern und verkleinern kann, in der gewünschten Größe kopiert. Dazu teilt man die gewünschte Motivgröße durch die tatsächliche Motivgröße, multipliziert mit 100 und gibt das Ergebnis als Prozentzahl in den Kopierer ein. Beispiel: Die Vorlage ist 10 cm hoch, man möchte aber ein 20 cm hohes Motiv. Man rechnet 20 : 10 = 2, multipliziert mit 100 und tippt in den Kopierer 200 % ein.

Wenn die Konturen der Vorlage nicht besonders kräftig sind, kann man sie auf der Kopie mit einem schwarzen Stift nachziehen.

21 Das Transparentpapier wird auf die Vorlage gelegt, und die Linien des Motivs werden durchgezeichnet. Wenn die Vorlage – wie in unserem Beispiel – keine Schablone ist, muß man sie beim Durchzeichnen verändern, und zwar so, daß Stege stehenbleiben, die der Schablone Halt und Stabilität geben. Die Stege sollten nicht zu dünn sein, weil sie sonst beim Stupfen durchbrechen. Je häufiger die Schablone verwendet werden soll, desto stabiler, also breiter müssen die Stege sein. Mit etwas Übung wird man einen Blick dafür entwickeln, wie sich die Stege am besten in das Motiv integrieren lassen, so daß sie nicht wie Fremdkörper wirken. Hier sind Stege beispielsweise in die Laubblätter der Rose integriert worden.

22 Zwischen den Schablonenkarton und das Transparentpapier mit dem durchgezeichneten Motiv legt man nun ein Blatt Kohlepapier und zeichnet alle Linien mit einem harten Bleistift nach. Weniger Geübte sollten die drei Lagen mit einem Stück Klebeband fixieren, damit sie sich beim Zeichnen nicht verschieben.

23 Wenn man das Transparent- und das Kohlepapier abnimmt, kommt das auf den Schablonenkarton übertragene Motiv zum Vorschein. Nun hat man Gelegenheit, zu schwach durchgezeichnete Linien nachzuziehen, eventuell zu schmal ausgefallene Stege zu verbreitern und Linien zu vereinfachen, die möglicherweise zu schwierig auszuschneiden wären. Geübte oder mutige Schablonenentwerfer beginnen erst mit diesem Schritt und machen ihre Freihandzeichnung gleich auf den Karton.

Herstellung einer Schablone

24 Für das Schneiden der Schablone benötigt man einen geeigneten Untergrund. Traditionell benutzt man als Unterlage eine Glas- oder Holzplatte. Profis benutzen Spezial-Schneideunterlagen wie hier zu sehen; sie sind jedoch relativ teuer. Preiswerter und genauso gut sind Linoleumplatten. Auch Reste von PVC- und anderen harten Bodenbelägen sind geeignet. Anfänger sollten die auszuschneidenden Teile schraffieren, damit sie nicht im Eifer des Ausschneidens den Überblick verlieren. Es ist wichtig, daß die Klinge des Schneidemessers (siehe S. 54) immer sehr scharf ist. Da sie schnell stumpf wird, wodurch die Schnittkante ausfranst, sollte man immer genügend Ersatzklingen vorrätig haben. Um Verletzungen vorzubeugen, den Karton stets so drehen, daß die Klinge nicht in Richtung der den Karton festhaltenden Hand geführt wird!

24

25

25 Damit sich die Schablone durch das Bestupfen mit Farbe nicht auflöst oder wellt, wird sie imprägniert oder gefirnißt. Dazu gibt es verschiedene Methoden: Man kann fertigen Firnis kaufen. Besser und preiswerter ist es jedoch, seinen Firnis selbst herzustellen, und zwar aus einer 1:1-Mischung aus gebleichtem Leinöl und reinem Terpentin. Man legt die geschnittene Schablone auf mehrere Lagen Zeitungspapier und bestreicht sie satt mit Firnis. Es ist nicht notwendig, den ganzen Karton zu bestreichen, aber zumindest großzügig um das Motiv herum imprägnieren. Bevor man die Schablone benutzt, muß der Firnis vollständig getrocknet sein. Statt zu firnissen, kann man den Karton auch mit flüssigem Wachs oder Sprühlack gegen Feuchtigkeit schützen. Schablonen für Sprüharbeiten werden nicht imprägniert.

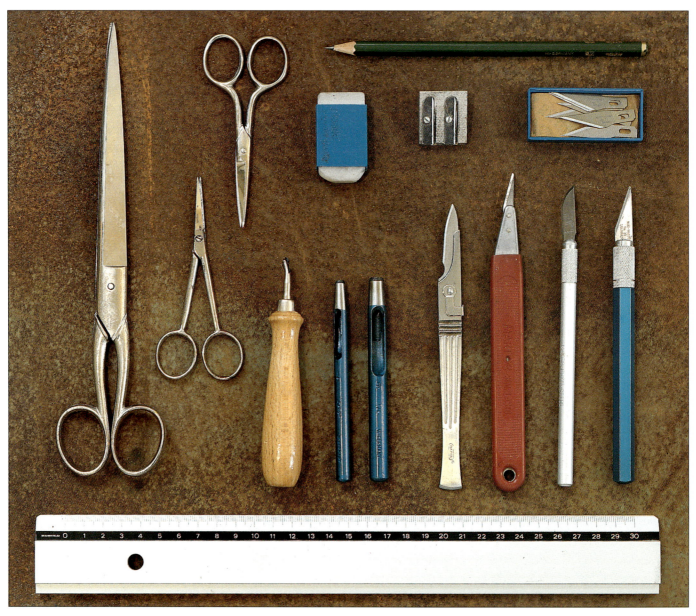

Scheren von links nach rechts: Papierschere, Silhouettenschere, scharfe Bastelschere. Oben: harter Bleistift zum Durchzeichnen, darunter: Radiergummi, Spitzer, Ersatzklingen für das Schneidemesser. Unten von links nach rechts: Silhouettenrädchen, Stanzeisen, vier verschiedene Schneidemesser. Ganz unten: Lineal mit Metallkante.

Zum Schneiden von Schablonen braucht man zunächst einmal eine Papierschere, mit der man den Karton auf die gewünschte Größe schneidet. Größere Flächen mit einigermaßen glatten Umrissen innerhalb einer Schablone können mit der Silhouettenschere ausgeschnitten werden. Meist benutzt man jedoch Schablonenmesser, auch Skalpell oder Graphikermesser genannt. Die Messer sollten auswechselbare Klingen haben. Achten Sie darauf, daß das Auswechseln schnell und problemlos möglich ist. Mit welcher der verschiedenen Klingenformen man am besten arbeiten kann, ist individuell verschieden. Das Schneiden gerader Linien erleichtern Lineale mit Metallkante. Kleine Punkte bzw. Löcher kann man mit Stanzeisen oder Punzen schlagen, die im Eisenwarenhandel erhältlich sind. Ein Spezialwerkzeug zur Herstellung von Silhouettenschablonen ist das Silhouettenrädchen.

STUPFEN MIT PINSEL

Arbeitsanleitung:

27 Die Schablone wird auf dem Untergrund in Position gebracht. Um das Verschieben der Schablone während des Arbeitens zu verhindern, kann man sie mit einem Streifen

Stupfen mit Pinsel

27

28

Kreppband auf dem Untergrund befestigen. Nun etwas Farbe in eine flache Schale geben – auf keinen Fall zuviel, weil man mit dem Pinsel jeweils nur wenig Farbe aufnehmen darf und überschüssige Farbe vor dem Aufstupfen an der Seite der Schale abstreifen muß. Die Farbe wird mit dem Schablonierpinsel (siehe S. 56) mit gleichmäßigen Bewegungen auf die ausgeschnittenen Flächen aufgestupft – senkrecht von oben, damit sie nicht unter die Schnittkanten der Schablone gedrückt wird. Es ist durchaus sinnvoll, vor dem Beginn des Stupfens Schablone, Pinsel und Farbe auf einem Blatt Papier auszuprobieren, um ein Gefühl für sein Handwerkszeug zu bekommen.

28 Es ist zweckmäßig, während des Stupfens den Schablonenkarton mit der freien Hand in der unmittelbaren Umgebung des Pinsels etwas auf den Untergrund zu drücken. Während des Schablonierens darf sich die Schablone nämlich auf keinen Fall verschieben, damit die Motivränder nicht verrutschen können. Außerdem sollte man von oben nach unten arbeiten, damit man erstens nichts verwischt und zweitens beim Andrücken der Schablone nicht in die frische Farbe greift.

29 Es ist sinnvoll, vor dem Abheben der Schablone noch einmal zu kontrollieren, ob auch wirklich alle ausgeschnittenen Flächen mit Farbe ausgefüllt sind.

30 Bevor man die Schablone abnimmt, läßt man die Farbe ein wenig antrocknen, damit sie beim Abheben nicht verschmiert. Die Schablone wird nun mit beiden Händen vorsichtig senkrecht nach oben abgehoben und zum Trocknen auf Zeitungspapier gelegt. Perfektionisten tupfen in dieser Arbeitsphase die überschüssige Farbe vorsichtig mit einem trockenen Lappen von der Schablone ab.

31 Dieses einschlägige Schablonenmotiv ist somit fertig. Arbeitet man mit mehrschlägigen Schablonen, so muß man jede Farbe erst gut trocknen lassen, bevor man die nächste Farbe auftragen kann.

29–31

Zum Stupfen von Schablonenmotiven verwendet man Schablonierpinsel, Stupfpinsel oder Schwämme. Bei Schablonierpinseln sind die Borsten sehr stramm gefaßt und ganz kurz und gerade abgeschnitten. Stupfpinsel haben etwas längere Borsten, und ihre Schnittfläche ist leicht gewölbt. Mit Schablonierpinseln stupft man immer absolut senkrecht von oben, mit Stupfpinseln dagegen arbeitet man in leicht kreisenden Bewegungen von den Schnittkanten der Schablone zur Mitte der Fläche hin. Schwämme gibt es in den verschiedensten Formen. Am allerbesten und gleichmäßigsten läßt sich mit Naturschwämmen arbeiten, die jedoch durch die Verschmutzung der Meere seltener und damit sehr teuer geworden sind. In Bastelbedarfsläden gibt es neuerdings eine Kreuzung aus Pinsel und Schwamm, sozusagen »Schwamm am Stiel«. Man kann aber auch jeden gewöhnlichen Haushaltsschwamm mit einer Schere auf die gewünschte Form und Größe zurechtschneiden. Für große Flächen mit geraden Begrenzungen oder Streifen schneidet man keine Schablonen, sondern klebt die Konturen mit Kreppband ab. Klebestreifen benutzt man auch, um die Schablone während des Arbeitens auf dem Untergrund zu fixieren.

Obere Reihe von links nach rechts: zwei dicke Schablonierpinsel verschiedener Stärke, Stupfpinsel, Kreppband, vier Schablonierpinsel verschiedener Stärke. Untere Reihe von links nach rechts: Schwamm am Stiel in drei Größen, ein breiter und zwei schmale Borstenpinsel zum Firnissen, Naturschwämme.

Schablonieren mit Folie

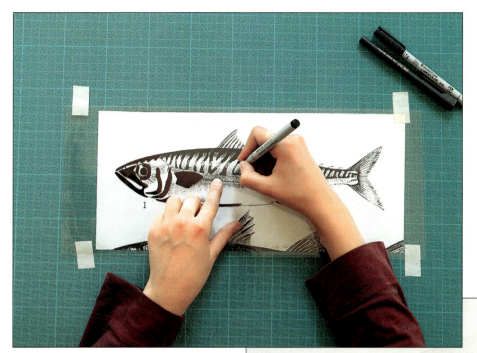

33

34

34 Das Ausschneiden von Folienschablonen erfordert weitaus mehr Geschicklichkeit als das Ausschneiden von Karton: Das Messer rutscht auf der glatten Folie leicht ab, und beim Schneiden von sehr feinen Rundungen kann die Folie brechen. Auch hier ist es ungemein wichtig, daß man stets mit einer sehr scharfen Klinge arbeitet. Die Farbe kann mit Schwamm, Schablonier- oder Stupfpinsel aufgebracht werden. Folienschablonen werden häufig beim Restaurieren von historischen Räumen verwendet, da sie sehr haltbar und pro-

Genau wie beim Arbeiten mit Schablonen aus Karton fotokopiert man sich zunächst die Bildvorlage in der gewünschten Größe (siehe S. 51). Anders als beim Arbeiten mit Karton sollte man beim Arbeiten mit Folie einen eigenen Entwurf nicht direkt auf das Schablonenmaterial zeichnen, sondern zunächst auf ein Blatt Papier, weil Zeichnungen auf der Folie nicht mehr korrigierbar sind.

Arbeitsanleitung:

33 Die Folie über die Bildvorlage legen und gut mit Kreppband festkleben, da die Folie sehr glatt ist und beim Zeichnen und Schneiden leicht verrutschen kann. Die Konturen des Motivs werden mit einem speziellen Folienstift auf der Folie nachgezeichnet. Dabei ist – wie bei jeder Schablone – darauf zu achten, daß die Stege nicht zu schmal sind; anderenfalls kann die Folie einreißen. Da man bei der transparenten Folie leicht die Orientierung verliert, ist es sinnvoll, alle auszuschneidenden Teile ganz zu schwärzen. Nun die Vorlage unter der Folie herausziehen und mit dem Ausschneiden beginnen.

blemlos abwaschbar sind. Manche Restauratoren ziehen jedoch nach wie vor Kartonschablonen vor, weil sich damit feiner arbeiten läßt und weniger Gefahr besteht, daß die Farbe unter die Ränder der Schablone kriecht und verschmiert.

Oben links: Spritzpistole, oben rechts: Sprühpumpe; Mitte links: Zerstäuberflasche mit blauer Farbe, daneben zwei Spraydosen; unten links: Zahnbürste und Sieb, daneben Mundzerstäuberröhrchen mit Gummibällchen.

Schon vor der Erfindung der Spritzpistole (Aerograph) gegen Ende des 19. Jahrhunderts kannte man Techniken, Farbe durch Schablonen nicht zu stupfen, sondern zu spritzen. Dabei klopfte man einen satt mit Farbe getränkten Pinsel gegen einen Stock oder rieb eine farbgetränkte Bürste über ein Sieb. Die Spritzpistole fand, wie schon im historischen Teil (siehe S. 29 f.) erwähnt, bald nach ihrer Erfindung weite Verbreitung. Die speziellen Effekte, die man damit erzielen kann, führten zur Entwicklung ganz eigener Dekorationsstile. Auf das Arbeiten mit Spritzpistolen wollen wir jedoch nicht ausführlicher eingehen, da diese Geräte in der Anschaffung sehr teuer sind und der Umgang mit ihnen eine Wissenschaft für sich ist, deren Darstellung den Rahmen dieses Buches sprengen würde.

Seit Spraydosen mit Farbe überall erhältlich sind, hat ein wahrer Sprayboom eingesetzt. Diese Dosen sind in der Anschaffung wesentlich preiswerter als eine Spritzpistole, und den Umgang mit ihnen braucht man nicht erst mühsam zu lernen. Man muß lediglich darauf achten, daß Flächen, die nicht eingefärbt werden sollen, gut abgedeckt sind. Spraydosen sind jedoch, obwohl die Industrie mittlerweile auf FCKW-freie Treibgase und lösungsmittelfreie Farben umzustellen beginnt, immer noch nicht besonders umweltfreundlich. Treibgas enthalten sie nach wie vor, und wenn sie – enttäuschend schnell – leer sind, bleibt nur Sondermüll.

Trotzdem wäre es schade, auf die doch sehr reizvolle Spritztechnik ganz zu verzichten. Wir möchten deshalb einige alternative Möglichkeiten vorstellen, die wesentlich preiswerter als die umweltfreundliche Spritzpistole und wesentlich umweltfreundlicher als die preiswerten Spraydosen sind.

In Bastelbedarfsläden erhältlich sind Zerstäuberflaschen, die sich aber nur für sehr dünnflüssige Farben wie Tuschen oder Seidenmalfarben eignen. Bei der Arbeit mit einem Mundzerstäuberröhrchen (Künstlerbedarf) kann die Farbe auch dickflüssiger sein. Diese Röhrchen – mit oder ohne Gummibällchen – eignen sich jedoch nur für die Bearbeitung kleinerer Flächen und erfordern ein gewisses Geschick. Durch das Blasen entsteht ein leicht unregelmäßiger Sprühnebel, der seinen ganz eigenen Reiz hat. Mit einer Sprühpumpe, die es in Baumärkten, Gartenbedarfsläden und im Keramikfachhandel gibt, läßt sich auch Wandfarbe auf großen Flächen versprühen. Man wird mit der Konsistenz der Farbe etwas experimentieren müssen, kann dann aber mit dem gleichmäßigen Sprühnebel dieser Pumpe schöne Effekte erzielen. Wie man mit Zahnbürste und Sieb (Bastelbedarfsladen, es geht aber auch mit einem Küchensieb) arbeitet, zeigen wir hier.

SPRITZTECHNIK

Arbeitsanleitung: Spritztechnik mit Zahnbürste und Sieb

36 In diesem Beispiel wird mit einer Negativschablone gearbeitet, deren Wellenmuster sich in einem Punkt und zwei sichelförmigen Ornamenten auf der freien Fläche fortsetzt. Diese Ornamente liegen als einzelne Negativschablonen auf der zu bespritzenden Fläche. Mit solchen losen Teilen läßt sich nur auf einer waagerechten Fläche und bei Anwendung dieser speziellen Spritztechnik arbeiten; bei anderen Techniken müssen solche Teile fixiert werden. Um die Schablone herum muß sehr sorgfältig abgedeckt werden, um das darunterliegende Papier zu schützen. Für alle Spritztechniken fertigt man die Schablonen aus nichtimprägniertem Karton; sie müssen saugfähig sein, um ein Ablaufen der Farbe zu vermeiden.

Oben: 36, 37; unten: 38, 39

40

37 Für jede Farbe wird eine eigene Zahnbürste benutzt. Je nach Konsistenz der Farbe lassen sich ganz unterschiedliche Sprenkelungen erzielen; je dickflüssiger die Farbe ist, desto mehr kleckst sie. Man taucht die Bürste in die Farbe ein, klopft überschüssige Farbe am Gefäßrand ab, hält das Sieb waagerecht über die zu bespritzende Fläche und streicht die Bürste mit leichten Drehbewegungen über das Sieb.

38 Man hat viele Möglichkeiten, die Fläche zu gestalten. Je nach Anzahl der Farben, Dichte des Farbauftrags, Überlagerung der Farben und Struktur der Spritzeffekte kann man vielfältige Wirkungen erzielen.

39 Nach dem Spritzen werden die Schablonenteile vorsichtig abgehoben. Wenn notwendig, nimmt man ein Messer zu Hilfe. Die kleinen Schablonenteile preßt man nach dem Trocknen zwischen zwei dicken Pappen, damit sie wieder glatt werden.

40 Die fertige Arbeit. Eine alte Zahnbürste, ein Küchensieb, irgendein Farbrest und etwas Papier finden sich wohl in jedem Haushalt. So kann man mit Hilfe von aufgelegten Blättern, Tortenpapieren oder anderen Fertigschablonen Briefumschläge, Geschenkpapiere oder ähnliches gestalten.

Mit welcher Farbe man arbeitet, richtet sich nach dem Untergrund und nach der Technik, mit der man die Farbe aufträgt. Für das Stupfen und Schwämmeln sollte die Farbkonsistenz stets cremig und nicht wäßrig sein. Da man mit dem Pinsel immer nur sehr wenig Farbe aufträgt, müssen die Farben so intensiv sein, daß sie schon bei dünnem Auftrag gut wirken. Beim mehrfarbigen Schablonieren oder beim Arbeiten mit Rapporten darf man die Schablonen nicht auf feuchte Farbe legen, daher ist es wichtig, mit einer schnell trocknenden Farbe zu arbeiten. Bei Wandfarben kann man auf ein großes Sortiment an Fertigfarben zurückgreifen oder seine Farben selbst anrühren. Die handelsüblichen Dispersionsfarben und die dazugehörenden Abtönfarben eignen sich vorzüglich für die Arbeit mit Schablonen; zunehmend werden auch schadstoffarme Produkte angeboten. Soll die Wand abwaschbar sein, kann man auch mit Acryllackfarben arbeiten. Wenn man seine Farben selbst anrühren will, so kann man, wie es früher in ländlichen Gebieten gemacht wurde, Farbpigmente mit Buttermilch ansetzen.

Linke Reihe von oben nach unten: vier Abtönfarben, zweimal Firnis. Obere Reihe: gebleichtes Leinöl, reines Terpentin, Binder. Zweite Reihe: drei verschiedene Pigmente. Dritte Reihe: zweimal Stoffsiebdruckfarbe, zwei Pigmente. Vierte Reihe: viermal Gouachefarbe, zweimal Plakafarbe. Untere Reihe: fünfmal Tusche, fünfmal Seidenmalfarbe. Rechte senkrechte Reihe: Stoffmalfarben.

Heutzutage ersetzt man die Buttermilch durch Kasein (Malerbedarf) und Wasser. Diese Farben sind allerdings nicht wischfest. Pigmente kann man auch mit Leim oder Tapetenkleister anrühren (Leimfarben). Vorzügliche selbstangerührte Farben erhält man aus einer Mischung von Pigmenten und fertig zu kaufendem Binder.

Auf Papier lassen sich Gouache-, Plaka- und Acrylfarbe verarbeiten, zum Spritzen mit dem Mundzerstäuberröhrchen eignen sich alle Arten von Tusche. Für Stoffe eignet sich zum Stupfen Stoffmalfarbe, zum Sprühen Seidenmalfarbe. Diese Farben werden von vielen Firmen in einer großen Farbpalette angeboten. Wenn man große Stoffflächen bearbeiten will, sollte man auf jeden Fall Stoffsiebdruckfarben verwenden, die sich hervorragend zum Schablonieren eignen, untereinander mischbar und wesentlich preisgünstiger als die Stoffmalfarben sind. Alle Stofffarben werden durch Bügeln fixiert.

Will man mit Schablonen auf Holz arbeiten, so kann man fast jede für Holz geeignete Farbe oder Beize benutzen (siehe S. 80f.).

STUPFEN MIT SCHWAMM

42

43

Eine besonders reizvolle Schabloniertechnik ist das Stupfen mit einem Schwamm. Dafür eignet sich jeder Schwamm, Naturschwämme sind jedoch am besten, weil sie die Farbe besser halten und gleichmäßiger abgeben. Die Größe des Schwamms sollte der Größe des Motivs angepaßt sein.

Arbeitsanleitung:

42, 43 Man gibt eine kleine Menge Farbe in eine relativ große, flache Schale, damit Platz bleibt, nach dem Aufnehmen der Farbe mit dem Schwamm die überschüssige Farbe am Rand der Schale leicht abzustupfen. Es empfiehlt sich, den Farbauftrag vorher auf einem Stück Papier auszuprobieren. Ähnlich wie beim Arbeiten mit dem Pinsel stupft man die Farbe locker und zügig auf die ausgeschnittenen Teile der Schablone.

44 Die Fliege bildet den Anfang einer Bordüre. Ober- und Unterkante der Bordüre sind durch jeweils zwei Bleistiftlinien markiert, denen die Paßmarken am Rand der Schablone entsprechen. So erhält man bei der Wiederholung des Motivs eine gerade und paßgenaue Bordüre.

44

Mit dem Werkzeug Schablone kann man auf den verschiedensten Untergründen arbeiten. Im folgenden werden wir anhand von historischen und eigenen Beispielen Möglichkeiten der Gestaltung mit Schablonen zeigen. Arbeitsanleitungen und spezielle Tips zu den einzelnen Anwendungsgebieten schließen sich jeweils an.

WÄNDE

Es gibt unendlich viele Möglichkeiten, Wände mit Schablonenmalerei attraktiv zu gestalten. Am schönsten wirken Wände, wenn man – wie es früher üblich war – die Farbe direkt auf den Verputz aufträgt; notfalls kann man aber sogar auf Rauhfasertapete arbeiten. Wichtig ist nur, daß der Untergrund sauber und trocken ist, keine Schadstellen hat und einigermaßen eben ist. Alle verwendeten Farben – für Grundierung und Muster – müssen aufeinander abgestimmt sein und auf einem ähnlichen Bindemittel basieren. Jede einfache Wandbinder- oder Dispersionsfarbe eignet sich als Grundierung für das Aufschablonieren mit Abtön-, Gouache-, Plaka-, Acryl- und selbst angerührten Pigment-Binder-Farben.

Eine entscheidende Rolle beim Schablonieren von Wänden spielt die Gestaltung der Untergründe. Man kann einfarbig grundieren oder die Wand in verschiedene Farbflächen gliedern. Eine weitere Gestaltungsmöglichkeit ist die Technik des Farbauftrags: dünn lasierend mit einem Schwamm, mehrschichtig lasierend mit dem Quast, in Wickeltechnik, gespritzt oder in herkömmlicher Weise deckend.

Auf diese Untergründe kann man mit Hilfe von Schablonen Bordüren, Streumuster, Einzelmotive und Flächenornamente aufbringen. Wie unterschiedlich solche Dekorationen wirken können, zeigen wir auf den folgenden Seiten.

Wände

49, 50 Das Hopfenbauernhaus aus Eschenbach im Nürnberger Land wurde 1821 erbaut. Heute befindet es sich, originalgetreu restauriert, im Fränkischen Freilandmuseum in Bad Windsheim. Bei den Restaurierungsarbeiten stellte sich heraus, daß schon die ersten Wandanstriche des Hauses mit schablonierten Abschlußfriesen verziert waren. Diese Bauernhäuser wurden, da sie wegen der Beheizung mit Holz sehr schnell verrußten, jedes Jahr von innen neu gestrichen. Die Restauratoren konnten Reste von Bemalungen aus sämtlichen Zeitperioden seit der Erbauung entdecken. Dabei stellten sie fest, daß die Schablonenmalereien immer reicher wurden und gegen Ende des 19. Jahrhunderts über die gesamte Wandfläche ausgedehnt waren. Die Fassungen, die man heute sieht, entsprechen etwa der Bemalung um 1910. Flächendeckende Schablonenmalereien waren in der Zeit von 1870 bis 1930 allgemein üblich. Durch die flächendeckende Verwendung der Schablonentechnik in fast allen Räumen und die hohe Qualität von Entwurf und Ausführung sticht das Eschenbacher Haus jedoch besonders hervor.

49, 50

45–48 Diese Treppenhäuser aus der Zeit der Jahrhundertwende in Berlin-Kreuzberg wurden in den siebziger Jahren fotografiert. Vom Standpunkt des Konservators war es ein großes Glück, daß die Häuser in diesem armen Stadtteil nicht, wie sonst häufig, renoviert, die Wände überstrichen oder übertapeziert wurden und so noch im, wenn auch mitgenommen, Originalzustand vorzufinden waren.

Treppenhäuser wurden oft in Schulterhöhe farbig abgesetzt und oberhalb des farbigen Sockels mit einer Bordüre verziert. Die Sockel strich man zum Teil einfarbig mit unempfindlicher Ölfarbe, zum Teil wurden sie mit Flächenmustern bedeckt, marmoriert oder mit Wickeltechnik gestaltet. Bei besonders aufwendig dekorierten Treppenhäusern waren die Wandflächen zusätzlich mit gemusterten Rahmen gefaßt.

Der Rittersaal von Gut Horbell wurde 1992 ausgemalt. Der 12 m lange, 6,50 m breite und 4,80 m hohe Saal befindet sich im Herrenhaus dieses Wasserschlosses aus dem 18. Jahrhundert. Vor der Umgestaltung war die Stuckdecke bereits restauriert, die Wände jedoch waren noch mit Blümchentapeten aus den vierziger Jahren beklebt. Alle Tapeten wurden abgelöst, der Untergrund wurde stellenweise neu verputzt und mit Dispersionsfarbe zweifach grundiert. Mit Kreppbandstreifen wurden die Wände in Felder eingeteilt. Die kurzen Seiten erhielten jeweils eine große zentrale Fläche, die langen

Rittersaal

51
52
53

der Koch, der Irokese mit Kind auf dem Rücken, der Kardinal, viele andere Menschen und nicht zuletzt der Hund mit dem Knochen. Im Gegensatz zu den flächigen Schattenrißfiguren wurden die jeweils mit Einzelschablonen gestupften Blumen plastisch gestaltet. Jede Blüte wurde zuerst in ihrer Grundfarbe gearbeitet, dann wurde mit einer dunkleren Farbe schattiert und mit einem helleren Ton ein Lichteffekt aufgestupft. Die Blumen sind wie ein Streuornament locker auf der Fläche verteilt und werden durch die Begrenzungen der Fläche abgeschnitten. Die einander gegenüberliegenden Wandflächen zeigen jeweils die gleichen Blütenornamente und Blätter, aber die Anordnung und Mengenverteilung ist auf beiden Wänden unterschiedlich. Auf Seiten je zwei kleine Flächen, unterbrochen durch Türen und Fenster. Auf alle farbig angelegten Flächen wurde die Farbe lasierend mit Schwämmen in drei Arbeitsgängen aufgetragen. Auf die weiß gebliebenen »Säulen« wurde mit Schwamm und grauer Lasur ein leichter Schatteneffekt aufgetragen, bevor sie schabloniert wurden. Die Schablonen für die Säulen bestanden aus zwei Einzelschablonen, auf denen sich jeweils zwei Treppenabschnitte mit Figuren befanden. Mit diesen beiden Schablonen wurde immer abwechselnd die ganze Höhe der Säule von unten nach oben dekoriert. Die Schablonen sind wie Schattenrisse gehalten. Alle befinden sich auf dem Weg nach oben: der Bonze, die Oma, das Kind mit der Puppe, der Trompeter, das Liebespaar, den großen Wandflächen sind Rosen, Lilien und Mimosenzweige verteilt, auf den kleinen Wandflächen Iris, Mohn und Ranken von Kapuzinerkresse. Der aufmerksame Betrachter entdeckt zwischen den Blüten und Blättern Ameisen und Bienen. Ein paar Fliegen sitzen dicht unter der Decke.

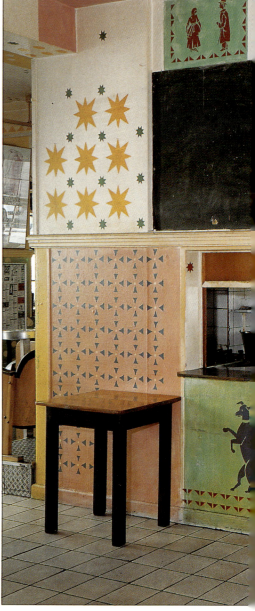

56

Links oben: 54
Links unten: 55

Das Restaurant »Alcazar« hat seit der Eröffnung im Jahre 1975 schon viele Dekorationsstile mitgemacht: von tiefschwarzen Wänden und Decken im ersten Jahr über dezente Grau-Weiß-Töne bis zur jetzigen Bemalung.
Nach zweimaliger Grundierung wurden Decke und Wände in verschieden große Rechtecke und einige Dreiecke unterteilt, die sich aus den verwinkelten Räumlichkeiten ergaben. Mit Kreppstreifen abgeklebt, wurden die einzel-

Restaurant »Alcazar«

Rechts oben: 57
Rechts unten: 58

Links unten: 59

nen Flächen mit aus Pigmenten und Binder angerührten Farben in Gelb, Grün und Rosa gestrichen. Die Muster – geometrische wie Punkte, Sterne, Dreiecke und figürliche wie Rosen, Hände, Fliegen – wurden in den drei Grundfarben sowie Dunkelblau und Dunkelrot aufschabloniert. Dabei ist nicht etwa eine bestimmte Farbe einem bestimmten Motiv zugeordnet, sondern die Motive erscheinen, je nachdem, auf welche Grundfarbe sie aufgebracht wur-

den, in den verschiedensten Farben. Dadurch entstehen bei insgesamt wenigen Farben und Motiven durch immer neue Farb- und Musterkombinationen die unterschiedlichsten Wirkungen. Die Schablonenmotive sind im unteren Bereich der Wände immer flächendeckend aufgebracht und lösen sich zur Decke hin immer mehr zu Streumustern und Einzelmotiven auf. Aber nicht ausschließlich die Wände sind gemustert, auch der Tresen (59) ist über und über

mit Ornamenten bedeckt. Im ganzen Lokal gibt es nur vier Einzelmotive: auf den entsprechenden Toilettentüren eine Dame und einen Herrn, die als Paar über der Durchreiche zur Küche wiederkehren (56), einen rennenden Mann auf der Tür zum Notausgang und einen Hund, der sehnsüchtig darauf wartet, daß ein Knochen aus der Durchreiche fällt.

60

ersten Treppenabsatz schleicht sich eine gewisse Irritation ein: Die rosa »Tapete« scheint an einer Stelle abgerissen, darunter kommt vermeintlich eine ältere Wandbemalung in Gelb mit einem winzigen Stück Bordüre zum Vorschein (60). Auf der nächsten Treppe sieht man mehr von der Geschichte: Es dominiert die »alte« gelbe Wandbemalung, vom Rosa bleiben nur noch Fragmente (63). Je weiter man nach oben kommt, desto mehr überwiegt die gelbe Wandbemalung (61, 62) mit einem feinen Gittermuster im unteren Teil, einer Bordüre in Brusthöhe und einem Streifenmuster im oberen Teil.

Die Wände sind verputzt, nicht tapeziert. Die Wandflächen wurden mit Kreppbandstreifen abgeklebt und dann mit dem Schwamm zweimal farbig grundiert. Die allmähliche Auflösung der

61
62

Dieses Treppenhaus in einem dreistöckigen Gründerzeit-Wohnhaus hatte nach der Renovierung eine kühle Eleganz ausgestrahlt. Die Besitzer wünschten sich jedoch ein eher heiteres Treppenhaus mit einem eigenen, unverwechselbaren Gesicht. Nach dem Eintreten durch eine verglaste Tür befindet man sich in einem rosaroten Raum, dessen Ornamente bis in Augenhöhe flächendeckend sind und sich zur Decke hin langsam verlieren. Nach dem

Treppenhaus

63

rosa Flächenornamente wurde erreicht, indem nur Teile der Schablone gestupft wurden. Für jedes Flächenornament gab es nur eine Schablone, die trotz sorgfältigster Behandlung und fachgerechter Zwischenlagerung nach Abschluß der langwierigen Arbeit nicht mehr verwendbar war. Bei solchen Mammutaufgaben ist es also besser, mehrere identische Schablonen zu schneiden. Sowohl für die lasierend aufgetragene Grundierung als auch für die Schablonierung wurde eine Mischung aus Pigmenten und Binder verwendet. Hier muß man Mut zur kräftigen Farbe aufbringen, weil die Farben durch Sonneneinwirkung mit der Zeit etwas ausbleichen.

Flur

65

66

Die Gestaltung dieses Flurs in einer hochherrschaftlichen Wohnung bot mehrere Schwierigkeiten: Der Flur ist endlos lang (12 m) und sehr hoch (4,60 m), die Wände sind – für das Raumempfinden völlig unpassend – mit Rauhfaser tapeziert. Um die Höhe des Raums etwas aufzufangen und zu gliedern, wurden die Wände horizontal in zwei Farbflächen geteilt, die durch eine weißgrundige Bordüre voneinander abgesetzt und zur Decke hin durch einen breiten weißen Streifen abgeschlossen wurden. Durch diesen Streifen wurde die Decke optisch leicht heruntergezogen. Die Grundierung der Farbflächen in je zwei verschiedenen Gelb- und Sienatönungen erfolgte wegen des Rauhfaseruntergrundes mit Abtönfarben. Eine in die Wand eingelassene Nische und eine kleine Kammertür wurden ebenfalls grundiert und in die Ornamentierung einbezogen. Es wurde mit drei Schablonen gearbeitet: einem quadratischen Ornament, eingefaßt von Streifen, einer breiten, vielteiligen Bordüre, die nicht nur den weißen Streifen in der Mitte der Wand bedeckt, sondern auch in die Farbflächen über und unter dem Streifen übergreift, und einem kreisförmigen Flächenornament, das aber nur sparsam Ton in Ton auf der sienaroten Fläche verwendet wurde. Bei den beiden erstgenannten Ornamenten wurde jeweils mehrfarbig mit einer einzigen Schablone gearbeitet. Auch hier gibt es bei näherem Hinsehen einiges an Leben zu entdecken.

Arbeitsanleitung: Wände

Stupfen von Wänden

Einzelne Streuornamente lassen sich frei über Wandflächen verteilen, sie können aber auch systematisch innerhalb eines Liniennetzes aufgebracht werden. Gerade die einfachsten geometrischen Muster wie Streifen oder Punkte, Dreiecke oder Quadrate ergeben, konsequent angewandt, sehr wirkungsvolle Dekors. Entscheidend für die Wirkung einer schablonierten Wand sind nicht nur das Muster und die Gliederung der Fläche, sondern auch die Farben. Durch unterschiedliche Farbigkeit von Einzelmotiven erreicht man zusätzliche Effekte.
Bordüren können nicht nur, wie hier gezeigt, den Abschluß einer farbigen Wandfläche bilden, sondern sie können auch zwei farbige Wandflächen trennen oder miteinander verbinden, auf einer farbigen Fläche einen Rahmen bilden, Fenster oder Türen umranden oder eine Wandfläche in horizontale Streifen gliedern.

67 Will man eine Bordüre über einer farbig gestalteten Wandfläche schablonieren, so klebt man zunächst mit je zwei Streifen Kreppband am oberen und am unteren Rand der Bordüre einen schmalen Streifen ab. Die Fläche zwischen den Kreppbandstreifen stupft oder malt man mit dem Pinsel aus.

68 Die fertigen farbigen Streifen. Es ist sehr wichtig, das Kreppband so bald wie möglich wieder abzuziehen, da der Klebstoff sich auf Dauer zu sehr mit dem Untergrund verbindet und dann beim Abreißen Teile der Farbe mitnimmt.

69 Die Schablone wird mit den Paßmarken an die Streifen angelegt und mit Kreppband an der Wand fixiert. Dann wird gestupft wie auf S. 55 beschrieben. Man muß darauf achten, daß die Schablone sehr dicht an der Wand anliegt. Es empfiehlt sich, die Schablone mit der freien Hand in der unmittelbaren Umgebung des Pinsels an die Wand anzudrücken.

70 Diese Blattbordüre ist als Rapport gedacht, bei dem nach dem Trocknen der Farbe die Schablone paßmarkengerecht im Anschluß aufgelegt und das Muster weitergeführt wird.

Oben: 67
Unten von links nach rechts: 68–70

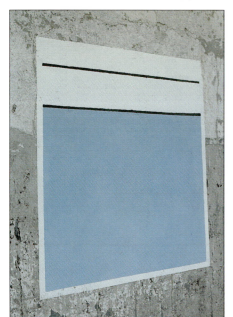

Arbeitsanleitung: Wände

Oben von links nach rechts: 71–73
Links: 74

Wände sprühen

Sprüheffekte wurden in den dreißiger Jahren vielfach eingesetzt: als Streumuster über ganze Wandflächen verteilt, als Abschlußkanten und als Streifeneffekte, bei denen dasselbe Motiv auf horizontalen Linien abwechselnd positiv und negativ gesprüht wurde. Es wurde einfarbig schattierend, vielfarbig und ineinander übergehend gearbeitet. Räume, in denen viele verschiedene Motive und Farben an einer einzigen Wand eingesetzt wurden, waren zwar ein Alptraum, fanden sich aber gar nicht so selten.

Der Vorläufer dieser Spritztechnik mit ihrem Kontrast zwischen scharfen und verlaufenden Konturen war die Wischtechnik. Dabei wurde mit einem farbgetränkten Pinsel, Schwamm oder Lappen locker über die Ränder der Schablone gewischt, so daß unregelmäßige Strahleneffekte zustande kamen.

71 Eine Wandfläche, die besprüht werden soll, muß vorher sorgsam grundiert werden. Es ist immer sinnvoll, zunächst eine weiße Grundierung aufzutragen und darüber dann, entweder deckend oder lasierend, die farbige aufzubringen.

72 Will man ein Muster aufsprühen, das auf der einen Seite harte Konturen hat und zur anderen Seite wolkig ausläuft, so braucht man eine Negativschablone mit klaren, eindeutigen Formen. Die Schablone muß so an der Wand fixiert werden, daß der Klebestreifen ihre Form ergänzt. Anderenfalls sähe man nach dem Sprühen die Konturen des Klebestreifens. Die Sprühpumpe, mit der hier gerade die blaue Farbe aufgebracht wird, ist zwar sehr unkompliziert zu handhaben, aber man sollte die richtige Konsistenz der Farbe vorher auf einer an die Wand geklebten Zeitung ausprobieren.

73 Schneidet man die Negativschablone geschickt aus einer größeren Pappe, so kann man den »Abfall« als Positivschablone verwenden. Hier wurde mit Hilfe der Positivschablone rote Farbe aufgestupft, um den Kontrast zwischen der harten Wirkung des Stupfens und der weichen Wirkung des Sprühens zu demonstrieren. Ebenfalls gestupft werden hier die Palmen. Selbstverständlich kann man Positivschablonen aber auch spritzen.

74 Hier sind die verschiedenen Effekte nebeneinander zu sehen: unten links Sprühtechnik mit Negativschablone, oben rechts Stupftechnik mit Positivschablone auf dem zuvor gesprühten Negativmotiv. Die Palmen wurden mit einer Positivschablone teils auf den ockerfarbenen Untergrund, teils auf die blaue Farbe gestupft.

Fussböden

Einen schönen, ungestrichenen Holzfußboden zu schablonieren wäre ziemlich unsinnig, da man ihm mit der anschließend notwendigen Versiegelung seinen natürlichen Charakter nehmen würde. Fußböden, die aus großen Sperrholzplatten bestehen, wie man sie als Untergrund für Teppichböden vorfindet, eignen sich hingegen ganz hervorragend zum Schablonieren. Die Böden müssen fest und nicht schwingend verlegt sein, zwischen den Platten sollten keine Fugen klaffen, und die Böden müssen zur Vorbehandlung gut angeschliffen werden und staubfrei sein. Absolut sauberes Arbeiten ist erforderlich.

75

76

Die beiden Böden, die wir hier zeigen, wurden mit Dispersionsfarben grundiert, mit Abtönfarben schabloniert und mit einer vierfachen Schicht von mattem Versiegelungslack versehen. Leider gibt es keinen wirklich umweltfreundlichen Lack, der sich als Fußbodenversiegelung eignet. Trotz der Versiegelung ist diese Fußbodenbemalung allerdings nicht besonders dauerhaft und muß je nach Belastung nach vier bis fünf Jahren erneuert werden. Haltbarer ist die Schablonierung auf nacktem Estrich, auf den die Muster mit Acryllack aufgesprüht werden. Anschließend wird der Fußboden mehrfach versiegelt. Ein Beispiel ist auf S. 30 zu sehen.

Möbel

Möbel wurden, wie übrigens auch Bilderrahmen, schon sehr früh mit Schablonenmustern verziert. Eins der ältesten noch erhaltenen schablonierten Möbelstücke ist der bereits erwähnte spätgotische Schrank auf der Wartburg (siehe S. 25).

Beim Schablonieren bediente man sich der verschiedensten Techniken. Man arbeitete überwiegend einfarbig, meist mit schwarzer Farbe, entweder auf naturbelassenem oder auf eingefärbtem Holz. Daneben erfreute sich der sogenannte Regenbogeneffekt, der im 14. und 15. Jahrhundert zunächst nur in Wandmalereien verwendet wurde, immer größerer Beliebtheit bei der Verzierung bäuerlicher Möbel. Bei dieser Art der Dekoration wurden einfarbige Schablonenornamente auf einen vielfarbig gestalteten Untergrund aufgebracht. Bereits in gotischer Zeit wurden spiegelsymmetrische Schablonen aus gefalztem Pergament geschnitten. Mit diesen zum Teil mehrfach gefalzten Pergamentschablonen ließen sich aber nicht nur spiegelsymmetrische Einzelmotive, sondern auch ganze Flächenornamente herstellen. Mit solchen symmetrischen Dekors werden Bauernmöbel bis in die heutige Zeit verziert.

Nicht nur in der bäuerlichen, sondern auch in der bürgerlichen Kultur gab es schablonierte Möbel. Bei Caféhausstühlen der Jahrhundertwende wurde häufig die Sitzfläche und gelegentlich auch die Rückenlehne unter Anwendung eines Wärmeverfahrens mit Schablonenmustern versehen. Künstler des Arts and Crafts Movement und des Jugendstils bedienten sich gern der Schablonentechnik zur Dekoration von Möbeln, so zum Beispiel William Burges (siehe S. 26 f.) und der Designer Charles Rennie Mackintosh.

Die USA haben, wie bereits erwähnt (siehe S. 33 f.), eine ganz eigenständige Kultur von schablonierten Möbeln. Am bekanntesten wurde der sogenannte Hitchcock chair, ein massenhaft verbreiteter zierlicher Stuhl, dessen Rückenlehne mit Schablonenmotiven geschmückt war, meist mit Obstarrangements in Gold-, Silber- und Bronzetönen.

77 Ein Olmer (Kombinationsmöbel mit mehreren Fächern für unterschiedliche Verwendungszwecke) aus Mundolsheim bei Straßburg, 1742. Bunte Schablonenmalerei auf lasiertem Tannenholz, 175 × 128,5 × 43,5 cm. Straßburg, Musée Alsacien.

Das blaue Zimmer

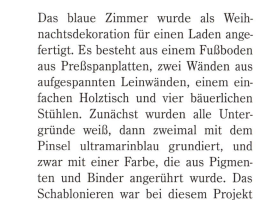

79 80 81

Das blaue Zimmer wurde als Weihnachtsdekoration für einen Laden angefertigt. Es besteht aus einem Fußboden aus Preßspanplatten, zwei Wänden aus aufgespannten Leinwänden, einem einfachen Holztisch und vier bäuerlichen Stühlen. Zunächst wurden alle Untergründe weiß, dann zweimal mit dem Pinsel ultramarinblau grundiert, und zwar mit einer Farbe, die aus Pigmenten und Binder angerührt wurde. Das Schablonieren war bei diesem Projekt einigermaßen kompliziert. Der Effekt von dicht an dicht über alle Flächen verstreuten Rosenblättern wurde erzielt, indem die Zwischenräume zwischen den Blättern mit einer Negativschablone in Schwarz gestupft wurden. Die blaue Grundfarbe bildete dann das Blättermuster. Die Musterung ist am kräftigsten in der Ecke, wo die beiden Wände und der Fußboden aneinanderstoßen, und wird zu allen Rändern hin lockerer. Die goldenen Rosen wurden in Stupftechnik mit einer Positivschablone aufgebracht. Es wurde abwechselnd mit zwei großen Schablonen gearbeitet, die sowohl das Negativmotiv der Blätter als auch das Positivmotiv der Rosen trugen. Beide Schablonen mußten nach oben und unten, rechts und links exakt aneinanderpassen. Die schwarze Pigment-Binder-Farbe und die goldene Gouachefarbe wurden mit einem Naturschwamm aufgestupft. Zum Schluß wurden der Fußboden, die Stühle und der Tisch mit vier Klarlackschichten versiegelt.

Arbeitsanleitung: Möbel

Stupfen eines Schranks

Das Schablonieren von Möbeln ist wesentlich komplizierter als das Arbeiten auf Wänden, da selbst Schränke nur wenige große, glatte Flächen aufweisen und man meist mit kleinen, verwinkelten, schwer erreichbaren Teilen zu kämpfen hat.

82

Die einfachste Methode beim Dekorieren von Möbeln besteht darin, sie mit Streumustern zu verzieren. Man kann sich die Arbeit relativ leicht machen, indem man nur gut erreichbare glatte Teile wie die Sitze und Rückenlehnen von Stühlen, die Türfüllungen von Schränken oder die Fronten von Schubladen mit Einzelmotiven versieht. Hier kann man sehr schön mit den Möglichkeiten der Schablone spielen, indem man zum Beispiel auf zwei Schranktüren spiegelsymmetrische Motive anbringt. Dazu benutzt man die Schablone einmal von der Vorder- und einmal von der Rückseite – nicht ohne sie zwischendurch sorgfältig gereinigt zu haben.

Vom 16. Jahrhundert an, mit dem Aufkommen der Dominopapiere, wurden Schränke, Truhen und Schubladen von innen gern mit schablonierten Papieren beklebt. In Anlehnung an diese Tradition wurde hier ein Schrank von innen ganz und gar mit einem schablonierten Flächendekor versehen.

Bei Flächenmustern, die sich über das ganze Möbelstück erstrecken, beginnt man, wie bei dem auseinandergebauten Schrank zu sehen (**82**), mit allen glatten Flächen, nimmt sich dann die Stellen vor, für die man die Schablone verbiegen oder knicken muß, und endet mit den Stellen, für die man sie am meisten verbiegen oder sogar auseinanderschneiden muß. Es ist äußerst wichtig, sich vor Beginn der Arbeit einen genauen Plan zu machen, in welcher Reihenfolge man sich die einzelnen Teile vornimmt.

Beim Schablonieren von Stühlen ist die Wahl der richtigen Schablone wichtig: Schablonen aus Karton sind zu steif und lassen sich nicht um Kanten biegen. Folienschablonen sind zu glatt, sie verrutschen viel zu leicht. Bei Schablonen aus selbstklebenden Folien besteht die Gefahr, daß man beim Abziehen der Folie die Grundierung mit abzieht; außerdem kleben diese Folien nur einmal und sind deshalb nicht mehrfach verwendbar. Am besten arbeitet man, wie die Amerikaner in den Möbelmanufakturen beim Schablonieren der Hitchcock chairs, mit relativ dünnen, biegsamen Papierschablonen, die man mit einer Mischung aus Leinöl und Terpentin gut gefirnißt hat.

Mit Lackfarben zu schablonieren ist problematisch, da die Farben relativ dünnflüssig sind und deshalb zum Verlaufen neigen. Alkydharzlacke sind völlig ungeeignet, weil sie viel zu langsam trocknen. Die schneller trocknenden Acryllacke eignen sich für solche Arbeiten etwas besser. Mit Gouache- und Abtönfarben läßt sich wesentlich angenehmer arbeiten. Sie müssen allerdings mehrfach mit Lack versiegelt werden, sind jedoch selbst dann nicht so strapazierfähig wie Lackfarbe. Für stark beanspruchte Möbel oder Möbelteile wie

Arbeitsanleitung: Möbel

83 Kleiderschrank, schabloniert mit gelbem Flechtornament auf rotem Grund

Sitzflächen von Stühlen empfiehlt sich daher das Arbeiten mit Sprühlack.
Beim Dekorieren von Möbeln gibt es viele Variationsmöglichkeiten. Das beginnt schon bei der Behandlung des Untergrunds: Man kann das Holz entweder in der Naturfarbe belassen oder beizen oder lasierend oder deckend streichen. Einzelteile eines Möbelstücks kann man auch verschiedenfarbig fassen, die Gliederung des Möbels durch Ornamente betonen oder es durch die Musterung zusätzlich gliedern. Schablonendekors vermögen häßliche oder langweilige Untergründe sehr schön zu verändern. Die Grundform eines Möbelstücks läßt sich jedoch auch durch eine noch so üppige farbige Gestaltung nicht verleugnen und muß deshalb sinnvoll einbezogen werden.

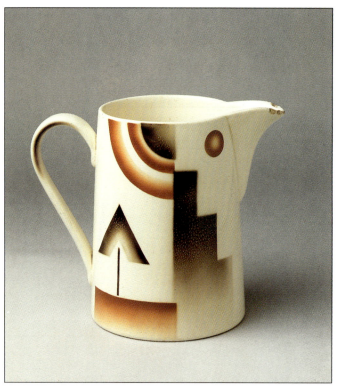

84 Wasserkanne mit Schablonen-Spritzdekor, um 1930. Manufaktur: Société Céramique, Maastricht

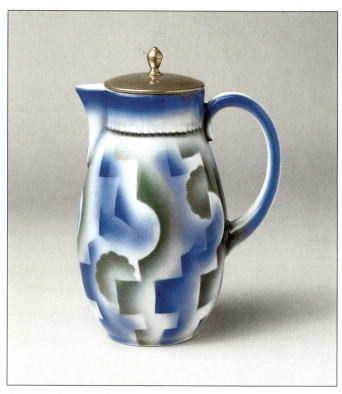

85 Kakaokanne mit Schablonen-Spritzdekor, um 1930. Manufaktur: C. A. Lehmann & Sohn, Kahla/Thüringen

KERAMIK

Zu Beginn des 20. Jahrhunderts wurde verwirklicht, was im 19. Jahrhundert angelegt, aber nicht ausgeführt worden war – die Möglichkeiten der Massenfertigung wurden voll ausgeschöpft. Es ging nicht mehr um die Imitation alter handwerklicher und künstlerischer Techniken, sondern darum, Massenartikel herzustellen, denen man ihre Produktionsweise ansah und die eine eigene, schöne Form hatten. Statt des Porzellans mit seinen »abgelebten« Formen bevorzugten viele Designer und Künstler das wesentlich billiger herzustellende Steingut und verwirklichten darin die Vorstellungen des Bauhauses: gutes Design massenhaft herzustellen. Das »Volksgeschirr« mit seinen typischen Schablonen-Spritzdekors muß damals wirklich in fast jedem Haushalt gestanden haben, denn noch heute findet man dieses zerbrechliche Gut in großen Mengen auf Flohmärkten. Das Keramikgeschirr war zwar stoßempfindlicher als solches aus Porzellan, das Dekor war jedoch, da im Unterglasurverfahren hergestellt, praktisch unverwüstlich.

»Wenn nur vermieden wird, daß mit neuen Methoden die Wirkungen der alten erzwungen werden sollen, daß der Druck die Malerei, der Spritzapparat die Pinselführung, der Stempel die Hand des Modelleurs etc. zum Vorbild nimmt, dann ist der Weg frei für das Positive«, so formulierte 1929 Prof. Dr. Eduard Berdel, damals Rektor der 1897 gegründeten Staatlichen keramischen Fachschule im schlesischen Bunzlau, das Konzept für neue Formen und Dekors in der Keramik.

Die Spritztechnik ließ keine komplizierten und verästelten Muster zu, also mußten die Schablonen möglichst einfach geschnitten, schnell aufzulegen und abzunehmen sein, damit man schnell und preiswert produzieren konnte. Der Einfluß, den an der Bunzlauer Fachschule ausgebildete Keramiker auf die Gestaltung industriell gefertigter Keramik nahmen, wird auch an den beiden hier abgebildeten Kannen deutlich.

Neben den typischen »modernen« Bunzlauer Dekors wurden in den zwanziger und dreißiger Jahren jedoch noch zahlreiche andere Schablonendekors produziert; manche entstanden mit Hilfe der Spritzpistole, manche aber auch ganz traditionell mit Schablone und Schwamm oder Pinsel.

86–91 Keramikteller mit unterschiedlichen Schablonendekors

Keramik

Arbeitsanleitung: Keramik

Unterglasurverfahren

92 Stücke, die im Unterglasurverfahren dekoriert werden sollen, werden zunächst einmal vorgebrannt (Schrühbrand). Man stellt das vorgebrannte zu dekorierende Stück zweckmäßigerweise auf eine kleine Drehscheibe und legt die speziell für dieses Stück zugeschnittene Schablone auf. Hier wird mit einer Zackenschablone gearbeitet, die sich der Rundung der Schüssel gut anpaßt. Mit der Spritzpistole wird zunächst die gelbe Unterglasurfarbe in der Mitte gleichmäßig aufgesprüht. Es empfiehlt sich, vor dem Farbauftrag die Konsistenz der Farbe auf einem Stück Papier auszuprobieren.

93 Da diese Unterglasurfarbe sehr schnell trocknet und sich gut mit dem Untergrund verbindet, ist es möglich, bald weitere Schablonen aufzulegen, wie bei dieser Schüssel die Sternschablone in der Mitte. Man sollte die Schablone mit Steinen oder ähnlichem beschweren, da sonst der Sprühnebel leicht unter die Schablone kriecht. Mit blauer Farbe wird nun das gelbe Innere der Schüssel gleichmäßig ausgesprüht. Beim Brennen vermischen sich die beiden Farbtöne zu einem Grünton.

96

Oben: 92
Unten: 94

Oben: 93
Unten: 95

94 Jetzt wird der äußere Rand der Schüssel, der bislang ungefärbt blieb, unter langsamem Drehen der Schüssel gleichmäßig mit der blauen Farbe eingesprüht. Bei manchen Schablonendekors ist es zweckmäßig, zu zweit zu arbeiten: Während einer sprüht, dreht der andere das Teil und drückt hochstehende Schablonenteile mit einem Pinselstiel auf den Untergrund.

95 Die Schüssel nach dem Farbauftrag. Beim Abheben der Schablone muß man sich sehr vorsehen, damit man nicht mit den Kanten die aufgesprühte Farbe einritzt und beschädigt. Der Stern in der Mitte ist durchs Abdecken gelb geblieben. Er ist umgeben von einer in Blau über Gelb gesprühten Schicht; dann kommt ein Zackenrand, der den ursprünglichen Farbton des

Arbeitsanleitung: Keramik

97

98

rohen Scherbens zeigt. Der äußerste Rand ist blau. Die ganze Schüssel wird nach der Einfärbung mit einer Transparentglasur dünn übersprüht.

96 Unterglasurfarben verändern sich je nach Brenntemperatur. Besonders empfindlich sind Gelb- und Rottöne, die bei zu großer Hitze verschwinden. Diese Schüssel wurde bei 1050 Grad C gebrannt, bei niedrigerer Brenntemperatur wären die Farben kräftiger ausgefallen. Durch die Transparentglasur erhalten Unterglasurfarben ihre Brillanz. Die Brenntemperatur richtet sich sowohl nach der Beschaffenheit des Tons als auch nach der verwendeten Unterglasurfarbe. Daher sollte man unbedingt die Angaben des Herstellers beachten.

Glasurverfahren

97 Bei dieser Schüssel wurde in einem Vorbrand (Schrühband) bei einer Temperatur von 960 Grad C eine blaue Glasur leicht aufgebrannt. Bei diesem Glasur-Rohbrand geht die Glasur eine Verbindung mit dem Scherben ein, ist aber noch nicht ausgeschmolzen. Dieser Schritt ist notwendig, da Glasuren sehr empfindlich sind und ungebrannt beim Auflegen der Schablone sofort beschädigt würden. Auch auf die vorgebrannte Schüssel muß die Schablone immer noch äußerst vorsichtig aufgelegt werden. Hier wurden zwei Schablonen verwendet: eine kreisförmige Zackenschablone, die genau auf den Rand der Schüssel zugeschnitten ist, und eine Sternschablone fürs Innere der Schüssel.

98 Die Schüssel nach dem Aufsprühen schwarzer Glasur. Auch hier arbeitet man am besten zu zweit und sprüht die Glasur unter leichtem Drehen sehr gleichmäßig auf. Je gleichmäßiger sie aufgebracht wird, desto mehr vermeidet man fehlerhafte Stellen. Die Schablone wird dann mit einem Pinselstiel oder ähnlichem leicht angehoben und zu zweit sehr vorsichtig abgehoben. Auf keinen Fall darf man in die aufgesprühte Glasur fassen, weil sie dadurch beschädigt würde.

99 Die Oberfläche der Schüssel ist nach dem Brennen matt. Man kann deutlich sehen und fühlen, daß hier mit zwei Glasuren gearbeitet wurde.

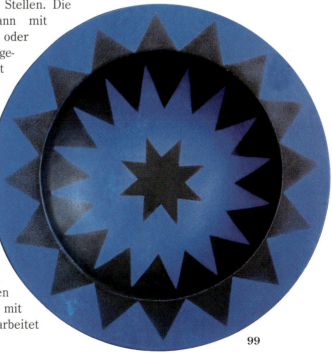

99

85

100
101

Wie auf den vorangegangenen Seiten zu sehen, bietet das empfindlichere Glasurverfahren fürs Schablonieren von Keramik weitaus weniger Möglichkeiten als das Unterglasurverfahren. Das Glasurverfahren ist außerdem weitaus unökonomischer für den Umgang mit der Schablone, da man nach jedem Farbauftrag erneut brennen muß. Mit der Unterglasurtechnik hingegen kann man auf unkomplizierte Weise auch vielfarbig arbeiten und braucht trotzdem nur einen Brennvorgang.

Wie man an den Bunzlauer Dekors sehen kann, lassen sich vielfältige Mustervariationen durch das Auflegen einfacher viereckiger Kartonstücke erzielen. Aber auch kompliziert wirkende

Arbeitsanleitung: Keramik

wurde mit dieser Methode bearbeitet. Anschließend wurde das Papier auf Karton aufgelegt, die Konturen wurden nachgezeichnet und ausgeschnitten. Diese Kartonschablone wurde dann auf den Teller aufgelegt. Mit blauer Unterglasurfarbe besprüht, wurde der Teller mit Transparentglasur überzogen und sodann gebrannt (**101**).

Die Londoner Keramikerin Dimitra Grivellis arbeitet nicht in der herkömmlichen Schablonentechnik, wie sie auf den vorangegangenen Seiten beschrieben wurde, sondern mit einer Reservetechnik. Alle ihre Stücke (**102–105**) sind aus Porzellan und auf der Drehscheibe angefertigt. Sie werden zu-

102   103

104
105 (Detail aus 104)

geometrische Kreisdekors lassen sich mit unkonventionellen Methoden wesentlich einfacher herstellen, als es auf den ersten Blick scheinen mag.
Statt eine komplizierte Schablonenvorlage zu zeichnen, schneidet man ein Stück Transparent- oder Seidenpapier kreisrund auf die ungefähre Größe des Tellers zurecht. Nun wird der Kreis in sich mehrfach gefaltet. Durch Einschnitte in die Falzkanten kann man die verschiedenartigsten Muster erzeugen (**100**). Das rote Transparentpapier

nächst glasiert und bei 1250 Grad C gebrannt. Dann werden Schablonen aus selbstklebender Folie aufgeklebt. Für kleine Punkte benutzt die Keramikerin keine Schablonen, sondern tupft weißen Holzleim auf. Das mit Schablonen abgedeckte Stück wird gesandstrahlt, wodurch die Glasur von den nicht abgedeckten Stellen entfernt wird. Für plastischere Reliefeffekte benutzt Dimitra Grivellis eine Kombination aus herkömmlicher Schablonentechnik und Reservetechnik.

Textilien

Schablonenbedruckte Textilien hat es schon sehr früh in den verschiedensten Kulturkreisen gegeben. Bereits im 10. Jahrhundert unserer Zeitrechnung erreichte die Technik des Schablonierens von Textilien in China und Japan eine ungeheure Perfektion und Vielfalt.

Darauf sind wir im historischen Teil dieses Buches schon ausführlicher eingegangen (siehe S. 10–15).

Bislang unerwähnt blieben jedoch die Arbeiten russischer Textildesignerinnen, die nach der Oktoberrevolution 1917 dazu beitragen wollten, eine neue Welt für den neuen Menschen zu erschaffen, und dafür auch neue Kleider und Stoffe entwarfen. Ihre Entwürfe waren vom Futurismus, Kubismus, Suprematismus und Konstruktivismus beeinflußt und nahmen aktuelle Strömungen aus Architektur, Kunst und Design auf. Neben kühnen geometrischen Mustern entstanden auch ungewöhnliche gegenständliche Motive. Für diese Muster kam die Schablone mit ihrer eindeutigen Struktur wie gerufen. Die Textildesignerinnen benutzten sie für ihre Entwürfe und Musterstücke, und der spezielle Reiz dieser Schablonenentwürfe blieb auch beim maschinellen Druck der Stoffe erhalten.

Viele der russischen Designerinnen sind durch die Schule von Ludmilla Majakowskaja gegangen, die ab 1910 spezielle Kurse in Spritztechnik mit Schablonen gab. Die Designerinnen arbeiteten nicht, wie ihre Künstlerkollegen in Deutschland, elitär im Elfenbeinturm, sondern waren oft fest in Textilfabriken und -manufakturen angestellt, wo ihre Entwürfe in serienmäßige Produktion gingen. Während die Entwürfe oft auf Seide ausgeführt wurden, druckte man bei der Serienproduktion meist auf billigere Materialien, bevorzugt auf Baumwolle.

In den sechziger und siebziger Jahren geriet der Schablonendruck auf Stoffen vorübergehend in Vergessenheit, aber seit den achtziger Jahren findet man zunehmend wieder Textilien, vor allem Dekorationsstoffe, die deutlich verraten, daß sich ihr Designer von den klaren, eindeutigen Formen und scharf umrissenen Konturen des Schablonendrucks hat inspirieren lassen.

106 Schablonierter Seidenstoff von Ludmilla Majakowskaja, vor 1927

Textilien

107 Dieses Muster wurde mit vier Schablonen gearbeitet, von denen drei geometrische Streumotive trugen. Mit der vierten Schablone entstanden die gelben Ähren. Obwohl dieselben Muster gleichmäßig immer wiederkehren, entsteht der Eindruck von wild durcheinandergedruckten Einzelmotiven. Solche Schablonenmuster bieten viele Möglichkeiten der Gestaltung, sowohl in der Anordnung der Motive als auch in der Verteilung der Farben. Beim Schablonieren von Textilien ist es ratsam, auch kleinere Einzelmotive auf einer großen Schablone anzuordnen, weil man so vermeidet, gerade aufgebrachte Motive wieder zu verwischen.

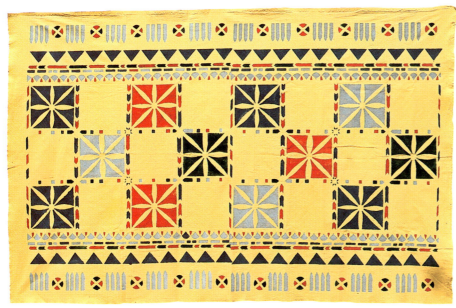

108 Hier wurde jeweils mehrfarbig mit zwei Schablonen gearbeitet. Ein Flächenornament für die Stoffmitte wird oben und unten spiegelsymmetrisch von einer Bordüre gerahmt. Bei solchen Mustern arbeitet man zweckmäßigerweise zuerst das Mittelornament, um dann eventuelle Unregelmäßigkeiten an den Rändern mit den Bordüren ausgleichen zu können. Die Breite der Schablonen richtet sich bei solchen Mustern nach der Stoffbreite. Diese Schablonen wurden auch bei der Ausmalung des Flurs auf S. 72 f. benutzt.

109 Nicht nur einfarbige wie in den beiden vorangegangenen Beispielen, sondern auch gemusterte Stoffe kann man effektvoll mit Schablonen bearbeiten. Hier wurde ein in zwei Blautönen gestreifter Stoff mit einer zweischlägigen floralen Bordüre schabloniert. Beim ersten Schlag wurden die roten Blüten und Blätter aufgebracht, und zwar genau auf der Linie, auf der zwei Streifen aneinanderstoßen. Beim zweiten Schlag entstand das Innere der Blüten in genau dem Blau des helleren Streifens. So wird der Anschein erweckt, als ginge ein Streifen in den anderen über. So fügen sich die Blumenbordüre und das Streifenmuster zu einem harmonischen Ganzen.

Auf dieser und den folgenden Seiten werden verschiedene Möglichkeiten des Schablonierens von Stoffen vorgestellt. Alle Muster wurden auf Baumwollstoffe gestupft, die Effekte sind jedoch äußerst unterschiedlich.

Für den geblümten Stoff (110) war ein Seidenmuster aus dem 18. Jahrhundert das Vorbild. Auf ungefärbtem Nessel wurde mit einer dreischlägigen Schablone gearbeitet. Mit dem ersten Schlag wurde das ockerfarbene flächige Grundornament aufgetragen. Die Schablone paßt genau zweimal nebeneinander auf die Stoffbreite, in diesem Ausschnitt sieht man das Motiv viermal. Mit dem zweiten Schlag wurden mehrfarbig Blüten und Blätter über das Grundornament schabloniert. In einem weiteren Arbeitsgang wurden Blüten und Blätter um feine Details ergänzt. Es ist deutlich zu erkennen, daß der dritte Schlag über dem zweiten aufgebracht wurde.

Die Farbtöne wurden aus wenigen Hauptfarben angemischt. Wichtig ist, neben Rot, Grün, Gelb und Blau immer Weiß zur Hand zu haben, um Farben wie Ocker, Rosa und Hellblau mischen zu können. Bei Farben, die sehr durchscheinend ausfallen, kann man außerdem durch Beimischen einer geringen Menge Weiß eine bessere Farbdichte erreichen. Hier wurden Stoffsiebdruckfarben verwendet.

110

111

Beim Schablonieren von Kleidungsstücken wird zunächst, wie auch beim Bemalen von Textilien, der Stoff vorgewaschen. So kann er später nicht mehr einlaufen. Außerdem wird auf diese Weise die Appretur entfernt; sie würde verhindern, daß sich die Stoffdruckfarbe gut mit dem Untergrund verbindet. Der trockene Stoff wird gebügelt und dann das Kleidungsstück zugeschnitten. Alle Teile werden auf dem mit mehreren Lagen Zeitungspapier belegten Arbeitstisch ausgebreitet. Dabei ist sehr sorgfältig darauf zu achten, daß alle rechten, zu schablonierenden Seiten nach oben zu liegen kommen.

Besonders bei großen Einzelmotiven muß man sich die Verteilung der Muster gut überlegen. Es ist beispielsweise wenig sinnvoll, einen engen Ärmel mit einer riesigen Blume zu versehen oder ein besonders schönes

112–114

Motiv auf die stark angekrauste Partie eines Rocks zu verschwenden. Bei den auf diesen Seiten gezeigten Röcken wurde innerhalb der Einzelmotive mit mehreren Farben gestupft und abschattiert. Der braune Rock (**114**) hatte ursprünglich die gleiche Grundfarbe wie der gelbe Tellerrock (**112**) und wurde nach dem Schablonieren überfärbt. Wie man sieht, färben sich die Muster nicht mit ein, wenn auch die Farben nicht mehr ganz so leuchtend sind wie vorher.

Die verwendeten Stoffdruck- und Stoffsiebdruckfarben sind vollkommen lichtecht und, wenn sie einmal fixiert sind, völlig unproblematisch zu waschen. Auch bei häufigem und sehr heißem Waschen blassen sie nicht aus. Sie eignen sich für alle Naturfasern außer Wolle.

Die Baumwollstoffe für die vier Röcke wurden mit Textilfarben in der Waschmaschine eingefärbt. Diese Farben sind untereinander mischbar, so daß man jeden gewünschten Farbton herstellen kann. So ist man unabhängig von Trends und Moden und kann auch in Zeiten, in denen es kaum einfarbige Stoffe zu kaufen gibt, den immer erhältlichen naturfarbenen Nessel in jeder gewünschten Breite und Stärke für den jeweiligen Zweck passend einfärben.

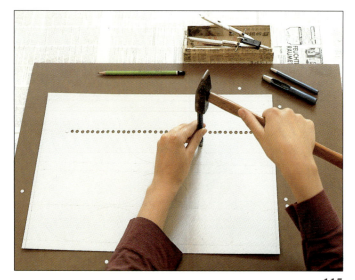
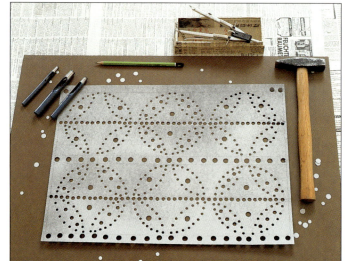

Arbeitsanleitung: Textilien

Die Schablone für das Dekorieren von Stoff, deren Herstellung wir hier zeigen, läßt sich auch auf anderen Untergründen verwenden. Bei diesem Flächenmuster werden die einzelnen Elemente nicht ausgeschnitten, sondern mit einer Punze, auch Durchschlageisen genannt, aus dem Karton ausgestanzt. Punzen sind in verschiedenen Größen im Eisenwarenhandel erhältlich.

115, 116 Für diese Schablone wurden auf dem Karton Kreise und gerade Linien vorgezeichnet. Gelocht wurde mit Punzen in drei Größen. Beim Ausstanzen der Löcher arbeitet man auf einer Holz- oder Linoleumplatte. Da man mit dem Hammer recht kraftvoll zuschlagen muß, empfiehlt es sich, auf einem sehr stabilen Tisch oder dem Fußboden zu arbeiten.

117 Beim Schablonieren von Stoff arbeitet man an einem mit – wegen der Druckerschwärze – nicht zu frischem Zeitungspapier abgedeckten Tisch. Die Schablone muß, wie bereits beschrieben, mit einer Leinöl-Terpentin-Mischung imprägniert sein. Man benutzt Schablonier- oder Stupfpinsel. In einem Schälchen wird der gewünschte Farbton angemischt.

118 Der gebügelte Stoff wird glatt auf dem Zeitungspapier ausgelegt. Man beginnt mit dem Farbauftrag an der Kante, preßt die Schablone mit der freien Hand fest auf den Stoff und stupft den Pinsel mit nicht zu viel Farbe auf die Öffnungen der Schablone.

119 Hat man das Muster einmal komplett aufgestupft, hebt man die Schablone vorsichtig ab und legt sie, an das aufschablonierte Muster anschließend, unter Berücksichtigung der Paßmarken akkurat wieder auf den Stoff. Die Paßmarken müssen so angebracht sein, daß man beim Anlegen der Schablone nicht Teile des gerade aufgebrachten Musters verwischt. Den fertig schablonierten Stoff läßt man so lange liegen, bis er vollkommen durchgetrocknet ist. Dann wird er von links auf einer Unterlage aus Zeitungspapier gründlich und heiß gebügelt.

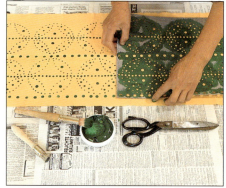

Textilien

gung. Im Gegensatz dazu wirkt die von Gunter Steudel gestaltete Tischdecke, aus der wir einen Ausschnitt zeigen **(122)**, filigran und pompös. Das Muster wurde an Anlehnung an historische Vorbilder in strenger Symmetrie entworfen. Das Rosen- und Blättermuster der auf dem Flohmarkt entdeckten Tischdecke **(124)** erhält, im Gegensatz zu gestickten Blümchentischdecken, durch die rapporthafte Wiederholung der Motive und die Stege in den Blüten eine gewisse Strenge und Klarheit. Die Blüten sind im ersten Schlag rosa gearbeitet, mit dem folgenden Schlag wurde in einem dunkleren Rosa ein Schatteneffekt aufschabloniert. Eine andere Möglichkeit, bei Schablonenmotiven

120   121
123   122

Um noch einmal die vielfältigen Möglichkeiten, die das Schablonieren auf Stoff bietet, vor Augen zu führen, haben wir auf dieser Seite einige Beispiele zusammengestellt, die Details aus verschiedenen Stoffen zeigen. Bei diesen Stoffen wird deutlich, daß Schablonenarbeiten nichts Gleichförmiges haben, sondern daß jede Arbeit die Handschrift ihres Entwerfers trägt.

Die großflächigen, stark stilisierten, einfarbig gehaltenen Figuren von Heike Deus **(123)** zeigen Schwung und Bewe-

mit Licht und Schatten zu arbeiten, erkennt man bei dem großen Blütenmotiv auf gelbem Grund **(121)**. Hier wurde zunächst die rosa Grundfarbe aufgebracht, und in die noch feuchte Farbe wurden mit Weiß Lichteffekte hineingestupft. Bei den dunkelroten Blüten dagegen wurden im selben Verfahren die Blütenblätter zur Mitte hin abgedunkelt. Bei dem Schmetterling auf braunem Grund **(125)** wurden mit dieser Technik die blaue Umrandung und die grüne Musterung der Flügel abschattiert. Links oben **(120)** ist ein Detail eines der auf S. 75 vorgestellten Stoffe zu sehen.

124   125

Papier

Auf Papier wurde die Schablonentechnik erstmals bei Spielkarten, Andachtsbildchen (siehe S. 18), Flugblättern und gemusterten Bogen, den sogenannten Dominopapieren (siehe S. 23), verwendet. Dabei arbeitete man jedoch meist mit einer Kombination von Holzschnitt und Schablonentechnik. Die schwarzen Konturen entstanden im Holzschnittverfahren, und der Druck wurde dann mit Hilfe von Schablonen ein- oder mehrfarbig koloriert.

In Flugblättern, die meist aus einer bildlichen Darstellung und einem kurzen, oft gereimten Text bestanden, wurde drastisch, satirisch und vehement zu politischen Themen Stellung bezogen. In der Reformationszeit wurde Europa geradezu mit diesen Blättern überschwemmt, die oft aufwendig gestaltet und so begehrt waren, daß sie nicht kostenlos verteilt, sondern verkauft wurden. Trotz strengster Zensurbestimmungen fanden diese von sogenannten Winkeldruckern hergestellten Darstellungen reißenden Absatz. Neben politischen und religiösen Aussagen wurden auf Flugblättern auch alltägliche Katastrophenmeldungen und Sensationen verbreitet. Auch während der Französischen Revolution entstanden Flugblätter in großen Mengen.

Im 19. Jahrhundert wurden zahlreiche satirische Zeitschriften gegründet. Bei der »Caricature«, dem »Charivari«, bei

126 Karikatur von Alfred Le Petit, Titelseite der Zeitschrift »Le Grelot« vom 11. Februar 1872

»Punch«, »Simplicissimus«, den »Fliegenden Blättern« und vielen anderen wurden die Titelseiten immer noch im selben Verfahren hergestellt wie schon vor der Reformationszeit: Die schwarzen Linien entstanden im Hochdruck (Holzschnitt und Holzstich), koloriert wurde mit Schablonen. Politische und andere Karikaturen waren ein überaus beliebtes Medium. Die Zeitungsherausgeber waren in Frankreich allerdings gesetzlich verpflichtet, die Einwilligung des Karikierten einzuholen, bevor sie dessen Zerrbild veröffentlichen. Verweigerte das Opfer seine Zusage, so ließ sich gerade aus seiner Weigerung ein höchst aussagekräftiges Bild machen: Der weiße Fleck konnte für den informierten Leser genausoviel aussagen wie ein vollständiges Bild **(126)**.

127–129 Bei diesen drei Papieren wurde mit Schablonen auf grünem Tonpapier gearbeitet. Einzelmotive sind als Streumuster über die Fläche verteilt. Jedes dieser Papiere zeigt ein Blumenmotiv: wilde Rosen **(127)**, Mimosen **(128)** und Vergißmeinnicht **(129)**. Jede Blüte wurde in wenigen verschiedenen Variationen (Knospe, halb oder voll erblüht) als Schablone geschnitten. Der Eindruck großer Vielfalt und Lebendigkeit entsteht durch die unregelmäßige Anordnung der nach allen Richtungen gedrehten Motive. Sie sind mit Gouachefarben vielfarbig changierend gestupft.

Diese Papiere (50 x 70 cm) dienten als Hintergründe für Videoclips. Die gefilmte Person stand mittig, deshalb werden die Motive zur Mitte hin spärlicher.

Links: 127

128

129

ren eignen sich fast alle saugfähigen Papiere. Im Fachhandel ist auch chamoisfarbenes Spezial-Druckpapier von 120 g/m² in verschiedenen Größen erhältlich.

Bei zu glattem Papier besteht die Gefahr, daß Farbe unter die Ränder der Schablone kriecht und die Konturen verschmieren. Beim Arbeiten auf Papier muß man besonders darauf achten, daß der Pinsel nicht zuviel Farbe aufnimmt, da das Papier sonst beim Stupfen aufweicht. Sollte das Papier beim Schablonieren wellig geworden sein, preßt man es ein paar Stunden zwischen Büchern oder größeren Pappen.

Mit der Schablonentechnik kann man Schmuck- oder Geschenkpapiere, Postkarten und natürlich auch »Gemälde« herstellen sowie Briefumschläge und Briefpapier verzieren. Will man seine Bücher mit einem Exlibris kennzeichnen, so stellt man nach eigenem Entwurf eine Signierschablone mit Motiv, Ornament oder Schrift her und stupft das Exlibris mit Hilfe eines kleinen Schablonierpinsels direkt ins Buch.

Links: 130; unten: 131

130 Schablonierte Papiere eignen sich hervorragend für buchbinderische Arbeiten. Diese Schachtel ist aus verschiedenen Kartons und Papieren hergestellt. Das blaue Papier im Schachtelinneren trägt ein rotes Einzelmotiv, die gestreiften Außenpapiere sind mit stilisierten Rosenknospen verziert. Schablonierte Papiere lassen sich zu Schutzumschlägen von Büchern oder Fotoalben verarbeiten. Man kann die fertig dekorierten Papiere auf dem Einband verkleben, oder man schabloniert den fertigen Einband. Je nach Wahl des Untergrundes lassen sich ganz verschiedene Effekte erzielen. Die Schablonentechnik ist auch in Verbindung mit Marmorieren, Collagieren und anderen Techniken einsetzbar.

Genau wie die historischen Dominopapiere lassen sich selbsthergestellte schablonierte Papiere als Schrank- und Kofferpapiere benutzen. Da es schwieriger ist, auf Papier als auf Wänden zu schablonieren, empfiehlt es sich, großflächige Tapeten nicht selbst herzustellen, sondern sich auf Tapetenbordüren zu beschränken. Das Schablonieren von Puppenstubentapeten hingegen ist einfacher und hat eine lange Tradition.

131 Hier wurde das Muster des blauen Zimmers (siehe S. 78 f.) auf blaues Tonpapier schabloniert. Zum Schablonie-

Vermischtes und Verrücktes

Neben den bereits beschriebenen Untergründen Wände, Möbel, Keramik, Textilien und Papier existiert natürlich noch eine Vielzahl von anderen Materialien, die mit Schablonendekors zu schmücken sind. Zum Beispiel entstehen alle auf Glas geätzten Muster mit Hilfe von Schablonen. Handwerkszeug und Anleitungen für die Glasätzung werden in speziellen Bastelbedarfsgeschäften angeboten. Da diese Technik jedoch nicht ungefährlich ist, soll darauf an dieser Stelle nicht näher eingegangen werden.

Eine im praktischen Teil dieses Buches bislang noch nicht erwähnte Technik ist das Aufstupfen von Metallpigmenten. Mit dieser Technik, die im vorigen Jahrhundert bei

132 Schablonierter Schuh, England, um 1790

amerikanischen Möbeln sehr häufig verwendet wurde, läßt sich auch auf Wänden arbeiten. Nachdem das Motiv auf den Untergrund gestupft oder gesprüht worden ist, bringt man, während die Farbe noch feucht ist, mit einem weichen Pinsel Metallpulver auf. Überschüssiges Pulver wird durch Pusten entfernt.

Beim Lackieren von Fahrzeugen wurde schon immer mit Schablonen gearbeitet, um Beschriftungen oder Signets anzubringen. Parallel dazu hat sich in den letzten Jahrzehnten geradezu eine eigene Kultur der individuellen Gestaltung mittels Spritzpistole (Airbrush) entwickelt. Wir möchten an dieser Stelle auf die einschlägige Fachliteratur verweisen, da eine Einweisung in diese Technik den Rahmen des Buches sprengen würde.

Auch bei Leder gibt es sehr komplizierte Verfahren, mit Schablonen zu arbeiten. Im alten Japan brachte man mit einer Rauchtechnik Schablonenembleme auf Lederrüstungen auf (siehe S. 12). Im 19. Jahrhundert waren Ledermosaiken für Buchdeckel sehr beliebt; sie wurden mit Hilfe von Setzschablonen hergestellt. Die sehr viel einfachere Möglichkeit, Leder mit Schablonen und Lederfarbe zu verzieren, zeigen wir auf S. 101.

Nicht nur Grundmaterialien wie Stoff oder Papier, sondern auch viele fertige Gegenstände bieten sich zum Dekorieren mit Schablonen an. Es bleibt dem Geschmack und dem Gefühl jedes einzelnen überlassen, wie weit ihn die Begeisterung für die Schablone treibt. Man kann Lampenschirme, Toilettendeckel, Schirmständer, Kühlschranktüren, Poesiealben, Kaffeewärmer, Schabracken, Platzdeckchen, Blumenübertöpfe und Buchstützen schablonieren.

Wir möchten hier ein historisches Beispiel aus dem Victoria and Albert Museum in London vorstellen (**132**). Die Abbildung zeigt einen 200 Jahre alten Damenschuh aus rosa Ziegenleder mit aufschablonierten kleinen Kreisen. Das Schablonieren war seinerzeit ein durchaus übliches Verfahren, Muster auf Schuhe aufzubringen. Wie man Schuhe und anderes selbst sehr unaufwendig dekorieren kann, zeigen wir auf den Seiten 100 und 101.

Schablonen müssen nicht immer aus Karton oder Folie geschnitten werden. Die erstaunlichsten Dinge lassen sich als Fertigschablonen zweckentfremden. Auch dazu mehr auf den nächsten Seiten.

133 T-Shirts lassen sich schnell und einfach mit Schablonen dekorieren. Wichtig ist, wie bei jedem Arbeiten auf Stoff, daß sie vorgewaschen sind. Vor dem Schablonieren legt man eine dicke Lage altes Zeitungspapier zwischen Vorder- und Rückenteil, um ein Durchschlagen der Farbe zu vermeiden. Das Papier wird erst dann herausgenommen, wenn das T-Shirt vollständig trok-

ken ist. Die Stoffarbe wird durch Bügeln von links fixiert – auch hierbei Zeitungspapier zwischen Vorder- und Rückenteil nicht vergessen.
So kommen Schablonen, die man schon auf ganz anderen Untergründen verwendet hat, völlig neu zur Geltung. Die T-Shirts auf diesem Foto wurden zum Teil von Kindern nach eigenen Entwürfen verziert.

134 Dieser schablonierte Herr aus den fünfziger Jahren, entdeckt auf einer Toilettentür im Köln-Mülheimer Hafen, ist ein Beispiel für die vielfältigen Möglichkeiten, mit einer Schablone Symbole und Kennzeichnungen anzubringen. Auch Wegweiser können mit Schablonen angebracht werden, wie zum Beispiel der auf die Parkbäume schablonierte Falke mit Pfeil, der den Weg zum Jagdschlößchen Falkenlust bei Brühl weist. Auch jedes Piktogramm läßt sich mit einer Schablone selbst herstellen und wesentlich individueller gestalten, als das bei fertig gekauften Produkten der Fall ist.

135 Eine der zahlreichen Möglichkeiten, Motive mit Schablone und Spraydose auf ein Auto aufzubringen, zeigt dieser Kübelwagen. Er ist über und über mit Bananen besprüht. Streumotive, Einzelmotive oder Flächenmuster lassen sich mit jedem Autolack auf ein Fahrzeug aufsprühen. Man sollte jedoch unbedingt im Freien arbeiten, da diese Lacke hochgiftig sind. Will man sehr genau arbeiten, so empfiehlt es sich, Schablonen aus selbstklebender Folie zu benutzen. Wer keinen Wert auf einen professionellen Hochglanzeffekt legt, kann auch mit Kartonschablonen und lösungsmittelfreiem Spraylack gute Ergebnisse zuwege bringen.

Vermischtes und Verrücktes

Arbeitsanleitung: Fertigschablonen

136

136 Beim Dekorieren so eines großen Papierschirms empfiehlt es sich, im Freien zu arbeiten. Der Schirm wird aufgespannt und in ein mit Sand gefülltes Gefäß gesteckt.

137 Als Fertigschablonen am besten geeignet sind große, glatte, schwere Blätter, die man gleichmäßig rundherum auf dem Schirmdach verteilt. Leichtere Blätter müssen mit Steinen beschwert werden.

138 Der Papierschirm wird aus einem Abstand von ca. 30 cm gleichmäßig mit Acryllack besprüht. Man sollte unmittelbar nach dem Auflegen der Blätter mit dem Sprühen beginnen und recht zügig arbeiten, damit die Blätter sich nicht einrollen.

137 Wenn die Farbe leicht angetrocknet ist, werden die Blätter vorsichtig abgenommen. Soll der Schirm als Regenschirm verwendet werden, so wird er, sobald die Farbe ganz getrocknet ist, mit Firnis überstrichen oder übersprüht.

140 Bei lichtdurchlässigem Papier wie Seiden- oder Pergamentpapier entsteht ein Transparenteffekt, der auch bei Rouleaus oder Lampions sehr dekorativ eingesetzt werden kann.

Als Fertigschablonen eignen sich nicht nur Blätter, Zweige, Gräser oder Blüten, sondern auch Tortenpapier, alte Spitzenreste, Papierschnipsel, Steine, Muscheln, Dosendeckel oder Kronenkorken und vieles andere mehr. Solche Fertigschablonen lassen sich bis auf wenige Ausnahmen nur bei Sprühtechniken verwenden; zum Stupfen sind sie nicht robust genug.

137

138

139

140

141 Diese Briefumschläge stammen von dem Kölner Künstler Günther Zahn und sind ein Nebenprodukt seiner Arbeit. An ihnen sieht man, daß man nicht immer eine in der Größe passende Schablone benutzen muß, sondern auch mit Teilen von ganzen Schablonen witzige Effekte erzielen kann.

142 Auf diesem Kuchen liegt eine Papierschablone, die aus einfachem Schreibpapier im Falz-Scherenschnittverfahren hergestellt wurde.

143 Durch ein feines Sieb wurde Puderzucker gleichmäßig über die Oberfläche des Kuchens gestäubt. Nach dem Aufstäuben pustet man einmal leicht über die Schablone und hebt sie dann ab – sehr vorsichtig, damit kein Puderzucker auf die freien Stellen fällt. Nicht nur Kuchen, sondern auch Süßspeisen können auf diese Weise mit Puderzucker, Kakaopulver, Zimt oder Mohn dekoriert werden.

144 Eine eigenwillige Art der Fertigschablone sind Verstärkerringe für Ringbuchseiten, die es in jedem Schreibwarengeschäft zu kaufen gibt. Man beklebt Schuhe in regelmäßigem Abstand mit den selbstklebenden Ringen, drückt

141

142, 143

Vermischtes und Verrücktes

144
145

diese gut an und tupft mit einem feinen Borstenpinsel (selbst der kleinste Schablonierpinsel ist für diesen Zweck zu dick) Spezial-Lederfarbe vorsichtig in das Innere der Ringe. Auf Wildlederschuhen, wie hier gezeigt, kann man ohne Vorbereitung arbeiten. Glattleder muß vor dem Farbauftrag mit Aceton abgerieben werden, damit die Farbe auf dem Leder haftet.

145 Wenn die Farbe vollständig getrocknet ist, müssen die Ringe sofort abgezogen werden. Bleiben sie zu lange auf dem Leder, können Klebstoffreste zurückbleiben. Im Schreibwarenhandel gibt es neben diesen Verstärkerringen noch selbstklebende Markierungspunkte und -sterne in verschiedenen Größen sowie verschieden große Rechtecke, die sich sehr gut als selbstklebende Fertigschablonen verwenden lassen.

Schablonenvorlagen

Buchstaben

ABCD

EFGH

IJKLM

NOPQ
RSTUV
WXYZ

Geometrisches

Geometrisches

Verzierte Freiflächen

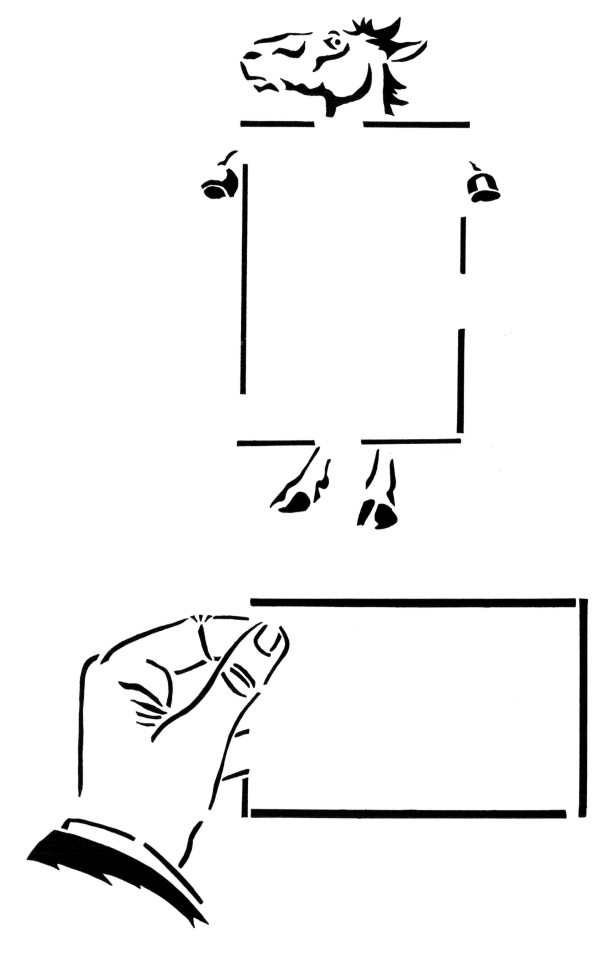

Verzierte Freiflächen

Streumotive

Streumotive

Keltisch

Keltisch

Mittelalterlich

Mittelalterlich

Mittelalterlich

Mittelalterlich

Renaissance

Renaissance

Neogriechisch

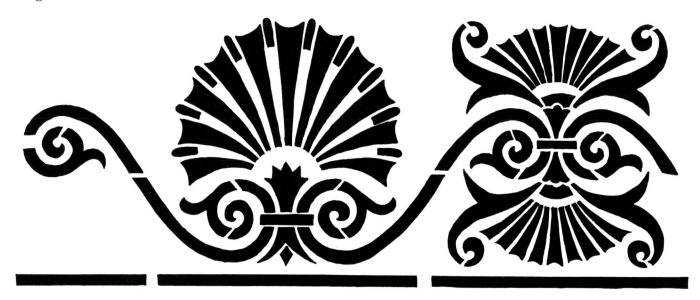

Neogriechisch

Viktorianisch

Viktorianisch

Viktorianisch

Viktorianisch

Jugendstil

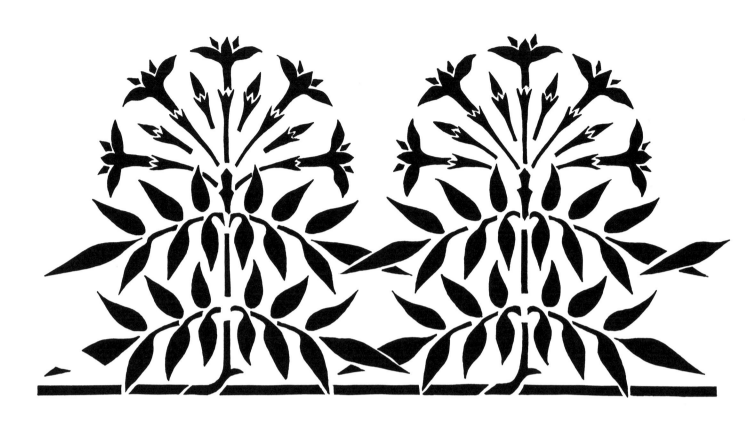

Jugendstil

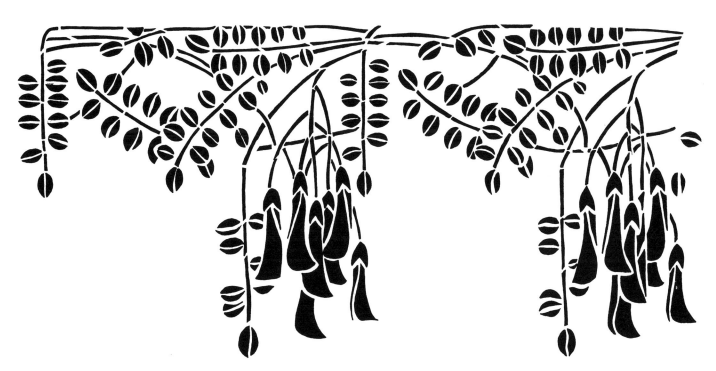

Jugendstil

Art deco

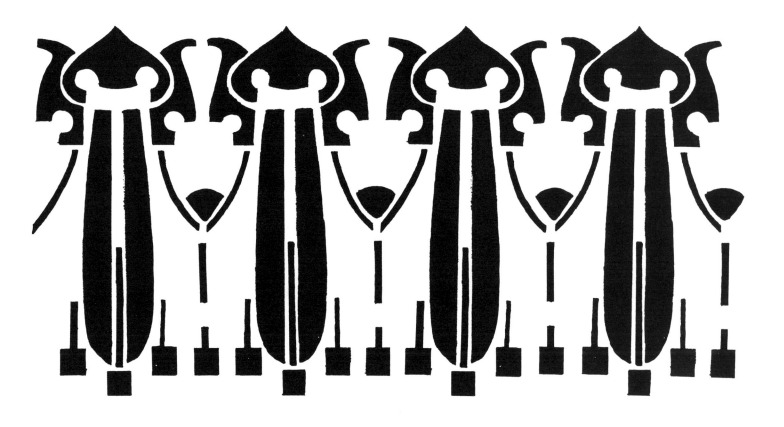

Japanisch (Mon)

Japanisch (Mon)

Japanisch (Mon)

Japanisch (Mon)

Japanisch

Japanisch

Puebloindianisch

Puebloindianisch

Indisch

Indisch

139

Indisch

Indisch

141

Amerikanische Volkskunst

Amerikanische Volkskunst

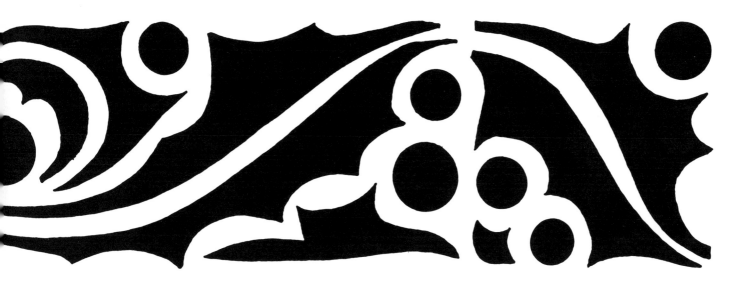

143

Amerikanische Volkskunst

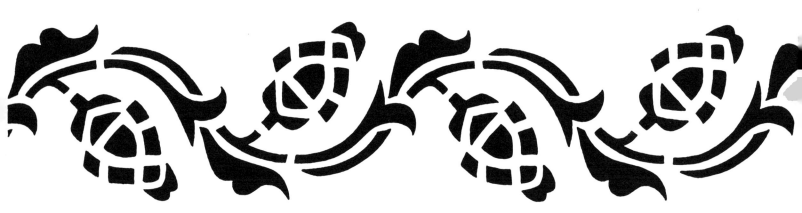

Amerikanische Volkskunst

Fahrzeuge

Fahrzeuge

Tiere

Tiere

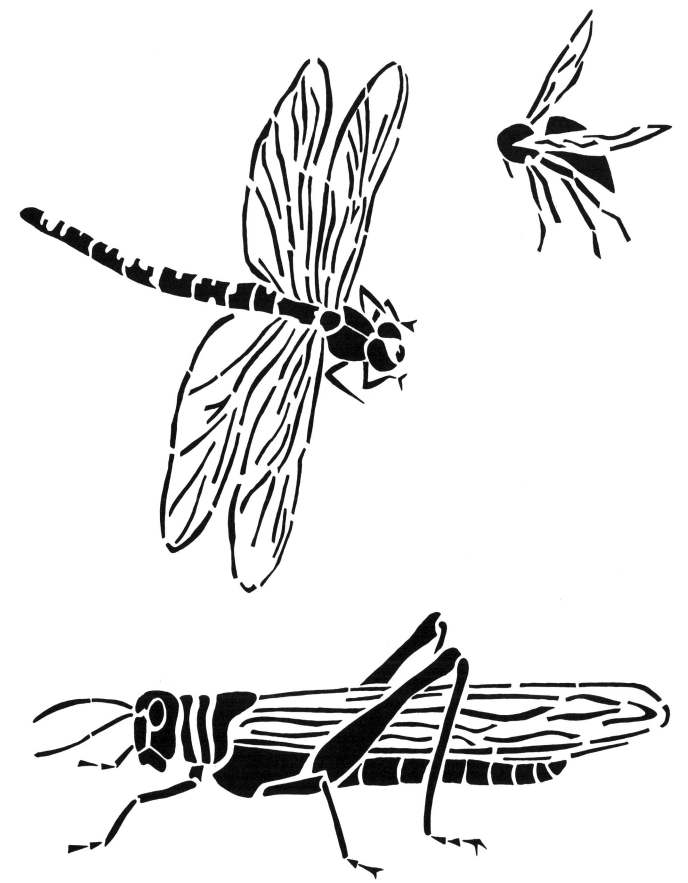

Tiere

Tiere

Tiere

Tiere

153

Blumen

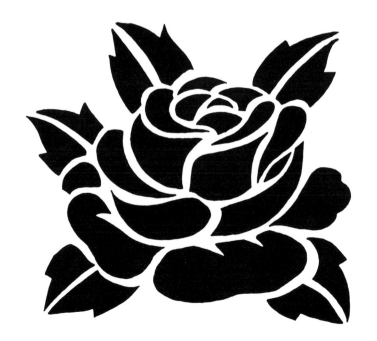

154

Blumen

Blumen

Gemüse

Gemüse

Obst

Obst

161

Obst

Glossar

Abschlußfries: Bordüre als Abschluß einer einfarbigen oder gemusterten Wandfläche.

Abtönfarben: kräftig pigmentierte Dispersionsfarben, mit Wasser verdünnbar, Farbtöne untereinander mischbar; zum Abtönen weißer Dispersionsfarbe oder auch pur zu verwenden, matt auftrocknend.

Acrylfarben: wäßrige Dispersionen von Polyacrylharzen, mit Wasser vermalbar, nach dem Trocknen wasserfest.

Acryllack: mit Wasser verdünnbarer, nach dem Trocknen wasserfester, umweltfreundlicher glänzender oder matter Lack.

Airbrush: Spritzpistole für feine Spritzarbeiten, zum Beispiel für Graphiker. Hat eine sehr feine Düse, daher nur mit Spezialfarben zu benutzen.

Alkydharzlacke: Lacke, die als Bindemittel Alkydharze enthalten. Sie sind strapazierfähig, trocknen aber langsamer als Acryllacke, und die Lösungsmittel sind leicht entzündlich und gesundheitsschädlich.

Ätzen: Technik, bei der durch chemische Zersetzung eine Oberfläche angegriffen wird. Glas wird mit Schablonen im Ätzverfahren dekoriert, wobei die nicht abgedeckten Stellen matt werden.

Binder: für Anstrichfarben zu verwendendes milchig-weißes, mit Wasser verdünnbares Bindemittel auf Acrylbasis, das beim Trocknen durchsichtig wird. Eignet sich zum Binden eingeteigter Pigmente, auch für sehr intensive Farbtöne.

Bordüre: Oberbegriff für alle fortlaufenden ornamentalen Bandverzierungen.

Collagieren: das Zusammenfügen verschiedener Bestandteile zu einem Ganzen, meist Papier auf Papier.

Dispersionsfarben: auch Binderfarben genannt. Anstrichfarben mit in Wasser verteilten (dispergierten) Kunststoffteilchen als Bindemittel, mit Wasser verdünnbar, nach dem Trocknen mindestens wischfest, oft waschfest. Können mit Abtönfarben gefärbt werden, trocknen deckend matt auf wie traditionelle Leimfarben.

Eckmotiv: Ornament zur Betonung von Ecken, meist als Anschluß an Bordüren oder Bandornamente verwendet.

Färben von Stoff: Vorgewaschene Stoffe können in der Waschmaschine mit Textilfarben (Drogerie, Bastelbedarfsgeschäft) eingefärbt werden. Alle Farbtöne desselben Produkts sind untereinander mischbar.

Firnis: transparente, schnell trocknende Flüssigkeit (trocknende Öle oder Harzlösungen), mit der Oberflächen zum Schutz gegen Schmutz, Feuchtigkeit und Beschädigung eingestrichen werden. Fertig im Fachhandel zu kaufen oder selbst herzustellen als 1 : 1-Mischung aus gebleichtem Leinöl und Terpentin.

Fladerschablone: Schablone, mit der die Maserung von Holz nachgeahmt wurde.

Flächenornament: ein flächendeckendes Rapportmuster.

Flechtornament: Ornament aus ineinander verflochtenen einzelnen Linien.

Füllornament: Ornament, das kleine, abgeschlossene Flächen ausfüllt.

Glasur: dünne, glasartige Schicht, die einem keramischen Gegenstand aufgeschmolzen wird und die Oberfläche glatt, hart und wasserdicht macht. Scherbeneigenschaften und Glasureigenschaften müssen aufeinander abgestimmt sein!

Gouachefarben: deckende Wasserfarben, im wesentlichen aus Farbpigment, Deckweiß, Gummiarabikum oder Dextrin als Bindemittel und Wasser bestehend, beim Trocknen aufhellend.

Graphikermesser: auch Skalpell genannt. Messer mit sehr scharfer, kurzer Klinge. Im Fachhandel sind sehr viele verschiedene Typen erhältlich. Beim Kauf ist darauf zu achten, daß sich die Klinge problemlos auswechseln läßt.

Halter: siehe Stege.

Holzschnitt: Druckverfahren, bei dem der Druckstock aus einer längs der Faser geschnittenen Holzplatte (Nußbaum, Erle, Birne, Kirsche) besteht, aus der alle nicht zu druckenden Teile herausgeschnitten werden; die stehen gebliebenen (erhabenen) Linien und Flächen werden mit Farbe versehen, gedruckt wird auf Papier. Hölzerne Druckstöcke, die ein Muster in erhabener Form enthalten (Model), wurden in Europa seit dem 4. Jahrhundert für das Bedrucken von Textilien verwendet (Zeugdruck). Mit Modeln wurde auch bei der Tapetenherstellung gearbeitet, oft in Kombination mit der Schablonentechnik.

Holzstich: dem Holzschnitt verwandte Hochdrucktechnik; der Druckstock besteht aus quer zur Faser geschnittenem Holz (Hirnholz), meist Buchsbaum, in das mit einem Stichel ganz feine Linien graviert werden.

Karton: alle Papiere mit einem Gewicht von 150 bis 450 Gramm pro Quadratmeter. Für Schablonen eignen sich Foto- und Aktenkar-

Glossar

tons sowie alle festen und dichten Kartons von 250 bis 350 g/m² Gewicht.

Kasein: Eiweißbestandteil der Milch, als Bindemittel verwendbar, in Pulverform in Künstlerbedarfsgeschäften erhältlich. Aus mit Wasser angerührtem Pulverkasein (statt dessen kann auch Magerquark verwendet werden) und Kalkmilch erhält man wetterfeste Kalkkasein-Wandfarbe, der Pigmente zugesetzt werden können.

Kettenornament: Bandornament, bei dem sich die einzelnen Motive wie Kettenglieder ineinanderfügen.

Kohlepapier: beschichtetes Papier zum Übertragen von Motiven, im Schreibwarenhandel erhältlich.

Lasur: durchscheinender, nicht deckender Farbauftrag, mit Pinsel, Schwamm oder Quast zu erzielen.

Leimfarben: Farben, die als Bindemittel Leim enthalten. Es gibt tierische Leime (Glutinleime, aus Knochen oder Häuten hergestellt, Kaseinleime) und pflanzliche Leime (z. B. Stärkekleister, Dextrinleime). Eine aus tierischem Leim, gelöschtem Kalk und Wasser angerührte Farbe ist relativ haltbar und trocknet seidenmatt auf. Sie ist mit Pigmenten einfärbbar. Aus Kartoffelstärke oder Tapetenkleister in Verbindung mit Wasser und gelöschtem Kalk läßt sich eine sehr preiswerte, aber nicht besonders wischfeste und haltbare Farbe herstellen.

Leinöl: das am raschesten trocknende fette Öl, aus Flachssamen hergestellt, wichtiges Bindemittel in Ölfarben, auch zur Herstellung von Firnis zu verwenden. Für künstlerische Zwecke nimmt man gebleichtes Leinöl.

Marmorieren: Beim Dekorieren von Wänden oder auch Holzoberflächen Maltechnik, bei der in die noch feuchte Grundierung in lockerer Pinselführung Adern eingemalt werden. Auch Bezeichnung einer Technik der Buntpapierherstellung. Dabei werden Farben auf eine schleimartige Flüssigkeit in einer flachen Wanne aufgetropft und mit einem präparierten Papierbogen abgehoben.

Maskierfilm: auch Maskingfolie, Maskingfilm genannt. Selbstklebende Spezialfolie für die Schablonenherstellung bei Airbrush- und anderen Sprühverfahren. In Künstler- und Bastelbedarfsgeschäften als Meterware erhältlich.

Model: siehe Holzschnitt.

Mundzerstäuberröhrchen: auch Fixativspritze genannt. Eignet sich für Spritzarbeiten, jedoch nur bei kleineren Flächen.

Negativschablone: Schablone, mit deren Hilfe die das Motiv umgebenden Partien des Untergrundes mit Farbe versehen werden, so daß das Motiv negativ erscheint.

Nessel: ungebleichter, ungefärbter Baumwollstoff, in unterschiedlichen Stärken und Breiten erhältlich; ursprünglich – daher der Name – aus den Fasern verschiedener Arten der Nesselgewächse hergestellt.

Ölfarbe: Farbe mit Öl (z. B. Leinöl, Mohnöl, Nußöl) als Bindemittel.

Pappe: alle Papiere mit einem Gewicht von mehr als 450 Gramm pro Quadratmeter.

Paßmarke: Kennzeichnung an der Schablone bei mehrfarbigen und/oder fortlaufenden Mustern, die saubere Musteranschlüsse gewährleistet.

Pigmente: natürliche oder chemisch hergestellte Farbmittel in Pulverform, je nach Farbton sehr unterschiedlich im Preis: Erdtöne sind die billigsten. Als Künstlerpigmente in kleinen Mengen relativ teuer, als Malerpigmente in großen Mengen wesentlich preiswerter. Pigmente werden, gut eingeteigt, mit verschiedensten Bindern wie Fertigbinder, Leim- oder Kaseinfarben zum Grundieren oder Schablonieren verwendet.

Plakafarbe (Wz): eine Deckfarbe auf Kaseinemulsionsbasis, mit Wasser verdünnbar, wasserfest auftrocknend.

Porzellan: aus Kaolin, Feldspat und Quarz durch Brennen hergestelltes feinkeramisches Erzeugnis, sehr dicht, weiß, transparent und härter als Stahl. Die Brenntemperatur beträgt je nach Art des Porzellans 1100 – 1470 Grad C.

Positivschablone: Schablone, bei der die Linien und/oder Flächen, die das Motiv bilden, ausgeschnitten sind, so daß beim Aufbringen der Farbe durch diese Ausschnitte das Motiv auf dem Untergrund positiv erscheint.

Rapportmuster: ein sich regelmäßig wiederholendes Muster.

Reservetechnik: Technik, bei der bestimmte Flächen durch Abdecken geschützt und so beim nächsten Arbeitsgang (z. B. Färben) ausgespart werden. Das Abdecken geschieht beim Batiken mit Wachs, bei Katazome mit Reismehlpaste, beim Sandstrahlen oder Ätzen mit Folie.

Sandstrahlen: industrielle Technik, bei der mit Druckluft feiner Sand auf harte Oberflächen geschleudert wird, um sie zu schleifen oder zu mattieren. Durch Auflegen von Schablonen werden vor allem bei Glas Muster eingeschliffen.

Schablonenfolie: auch Acetat-, Ultra- oder Klarsichtfolie genannt. In Stärken von 0,14 bis 0,30 mm für Schablonen besonders gut geeignet. In Künstler- oder Bastelbedarfsgeschäften als Meterware erhältlich.

Schablonierpinsel: Pinsel mit kurzen, kräftigen, stumpf abgeschnittenen Schweineborsten, in Stärken von 6 bis 50 mm Durchmesser erhältlich. Damit stupft man immer genau senkrecht von oben. Schablonierpinsel kann man selbst machen, indem man einen fest gewickelten runden Borstenpinsel kurz und gerade abschneidet.

Schlag: eine der zur Herstellung eines Motivs erforderlichen, nacheinander verwendeten Schablonen. Bei mehrfarbigen Mustern wird in der Regel pro Farbe eine Schablone geschnitten. Diese Einzelschablonen nennt man Schläge; sie werden nach der Reihenfolge ihrer Benutzung als erster, zweiter usw. Schlag bezeichnet.

Schrühbrand: Vorbrand eines rohen Scherbens.

Seidenmalfarbe: dünnflüssige, farbintensive Stoffmalfarbe, für Sprühtechniken sehr geeignet.

Setzschablone: Metall- oder Holzschablone, mit deren Hilfe bei Mosaiken die einzelnen Teile an die vorgesehenen Stellen gebracht werden.

Glossar

Siebdruck: auch Serigraphie, Schablonendruck, Silk-screen-Druck genannt. Durchdruckverfahren, bei dem bestimmte Partien eines feinmaschigen Siebs aus Draht, Textil- oder Kunststoffasern abgedeckt werden und sodann durch die verbliebenen offenen Stellen des Siebs Farbe auf den Druckträger gepreßt wird. Das Abdecken kann u. a. durch Auflegen aus Papier oder Folie geschnittener Schablonen oder auf fototechnischem Wege erfolgen. Nicht nur Papier, sondern auch Stoffe, Glas, Metall, Holz können bedruckt werden.

Signierschablonen: industriell hergestellte Schablonen zum Kennzeichnen von Gegenständen aller Art mit Schrift oder Symbolen. Material: Blech, Ölpappe oder Folie.

Silhouettenschablone: Schablone zum Übertragen der Konturen eines Motivs auf eine zu bemalende Wand. Mit Hilfe eines Silhouettenrädchens oder einfach einer Nadel werden die Konturen einer Zeichnung auf Papier mit feinen Löchern versehen. Der Papierbogen wird sodann an die Wand gehalten und ein mit Kohlenstaub gefülltes Leinensäckchen entlang den durchlöcherten Konturen aufgeklopft, wodurch auf dem Untergrund punktierte Linien entstehen. Die Umrisse werden von Hand ausgemalt. Diese seit Jahrhunderten zur Motivübertragung verwendete Methode wird Spolverotechnik genannt.

Silhouettenschere: spitze, dünne Spezialschere zum Ausschneiden von Schattenrissen.

Skalpell: siehe Graphikermesser.

Spritzpistole: mit Druckluft arbeitender Spritzapparat, der häufig beim Glasieren von Keramik oder zum Lackieren von Autos verwendet wird.

Stanzeisen: Werkzeuge zum Ausschlagen von kleineren Löchern, in verschiedenen Größen im Eisenwarenhandel erhältlich.

Stege: Verbindungselemente, die einer Schablone Halt und Stabilität verleihen.

Steingut: keramisches Erzeugnis aus Ton, Feldspat und Quarz, mit weißem, undurchsichtigem, porösem Scherben. Wird transparent glasiert, vielfältige Dekorationsmöglichkeiten.

Stoffmalfarben: von vielen Firmen angebotene Spezialfarben in leider oft sehr kleinen Gläsern oder Flaschen, aber in vielen untereinander mischbaren Farbtönen. Durch Einbügeln zu fixieren.

Stoffsiebdruckfarben: wegen ihrer cremigen Konsistenz hervorragend zum Schablonieren geeignete, untereinander mischbare, in größeren Gebinden preisgünstig angebotene Stoffarben, leider nicht überall erhältlich. Hartnäckiges Nachfragen lohnt sich!

Streumotive: einfache bis aufwendige Einzelornamente, die in regelmäßiger oder unregelmäßiger Anordnung über eine Fläche verteilt sind.

Stupfpinsel: Pinsel mit harten Borsten, dessen Schnittfläche leicht konvex gewölbt ist. Damit arbeitet man auf Schablonen in leicht kreisenden Bewegungen von den Schnittkanten des Motivs zur Mitte hin.

Stupftechnik: Schabloniertechnik, bei der die Farbe mit Schablonier- oder Stupfpinsel senkrecht auf die Ausschnitte der Schablone getupft wird.

Terpentin: aus angebohrten Baumstämmen von Nadelhölzern gewonnener Balsam, der als Lösungsmittel Ölen zugesetzt wird, damit sie schneller trocknen. Zur Herstellung von Firnis benutzt man Balsamterpentin und Leinöl.

Transparentpapier: durchscheinendes Papier, als Rolle, Block oder in Einzelbögen in verschiedenen Stärken erhältlich, zum Durchzeichnen von Motiven.

Tusche: flüssig gebrauchte Zeichenfarbe, früher nur aus schwarzem Pigment (Ruß) und Gummiwasser hergestellt. Heute auch Bezeichnung für reine, wäßrige Lösungen synthetischer Farbstoffe. Es gibt wasserfest auftrocknende Tuschen und solche, die wasserlöslich bleiben.

Unterglasurverfahren: das farbige Dekorieren von Keramik, bevor diese glasiert wird. Mit Unterglasurfarben kann man auf gebranntem oder ungebranntem Scherben arbeiten. Das fertige Dekor wird mit Transparentglasur überzogen und das Stück bei 850 bis 1100 Grad C gebrannt. Herstellerangaben beachten!

Wachs, flüssiges: zum Imprägnieren von Schablonen verwendbar. Batikwachs oder Kerzenreste im Wasserbad erhitzen. Das flüssige Wachs mit einem Pinsel auf Schablonenkarton verteilen. Nach dem Erkalten zwischen zwei Lagen Zeitungspapier überschüssiges Wachs ausbügeln.

Wickeltechnik: Technik der farbigen Gestaltung von Wänden. In der noch feuchten Grundierung wird ein zusammengeballter Lappen gerollt, der die Farbe teilweise wieder abnimmt.

Wischtechnik: Farbauftrag mittels eines Stoffballens, beim Schablonieren als über die Kanten der Schablone aufzubringender Strahleneffekt eingesetzt.

Zerstäuberflasche: Flasche mit Zerstäuberaufsatz, die sich zum Auffüllen mit dünnflüssigen Farben wie Tuschen oder Seidenmalfarben eignet, für Spritzarbeiten. Bisweilen in Bastelbedarfsgeschäften erhältlich.

Bezugsquellen

Schablonenhersteller

Deutschland

Auwärter GmbH Signiertechnik, Postfach 40 01 08, 70401 Stuttgart

Richard Berckhan GmbH & Co Signier-Farben-Fabrik, Lademannbogen 65, 22339 Hamburg

Bluhm & Co GmbH, Honnefer Str. 41, 53572 Unkel

EGG Gravuren GmbH, Salzschlirfer Str. 18, 60386 Frankfurt am Main

Graviertechnik Liebmann GmbH & Co KG, Georgstr. 15–17, 50676 Köln

Hans W. Hansen, Pfingstbrunnenstr. 5, 65824 Schwalbach

Kemapack GmbH, Albert-Einstein-Str. 1, 86899 Landsberg

Claus Koenig KG Fabrik für Selbstklebetechnik, Paul-Gossen-Str. 114, 91052 Erlangen

Marsh Signiermittel J. Heckenbach, Stolberger Str. 5, 50933 Köln

Johann Merkenthaler Schablonenfabrik, Eibacher Weg 3, 90522 Unterasbach

Sander GmbH & Co, Postfach 20 16 63, 42216 Wuppertal

Schablonen-Schnelldienst Helmut Porsch GmbH, Gustav-Adolf-Str. 13, 28217 Bremen

Schabos Generalvertretung für Bayern Detlev Seitz, Alte Steige 1, 91448 Emskirchen

Schabos GmbH, Widdersdorfer Str. 236–240, 50825 Köln

Schilder Mayr, Spaldingstr. 130, 20097 Hamburg

Claus A. Seif GmbH & Co, Lademannbogen 65, 22339 Hamburg

Wissner Zeichenschablonenproduktion GmbH, Zeppelinstr. 14, 64625 Bensheim

Österreich

Johannes Waismayer, Jägerstr. 26, 1200 Wien

Schweiz

Anliker Signier- und Drucktechnik AG, Altmattweg 57, 4600 Olten

Versand von Bastelbedarf

Deutschland

J. Brand, Stadtmühle 1, 09496 Marienberg

Gerstäcker Verlag KG, Postfach 12 60, 53774 Eitorf

Hobbyecke Bastlerbedarf GmbH, Pfarrstr. 2, 77652 Offenburg

Holzapfel & Sohn, Leopoldstr. 7, 95615 Marktredwitz

WEMA GmbH, Fritz-Weidner-Str. 2, 90451 Nürnberg

Österreich

Kurt Nemetz GmbH, Grünhüblgasse 36, 8750 Judenburg

Schweiz

Racher & Co, Marktgasse 12, 8001 Zürich

Museen und Sammlungen

Deutschsprachiger Raum

Altenburg (Thüringen)
Spielkartenmuseum, Schloß 2

Bad Windsheim (Bayern)
Fränkisches Freilandmuseum, Eisweiherweg 1

Basel
Museum für Völkerkunde und Schweizerisches Museum für Volkskunde, Augustinergasse 2

Bechhofen (Bayern)
Deutsches Pinsel- und Bürstenmuseum, Dinkelsbühler Str. 21

Berlin
Bauhaus-Archiv, Museum für Gestaltung, Klingelhöferstr. 14
Kupferstichkabinett, Matthäikirchplatz 8
Berliner Handwerksmuseum, Mühlendamm 5
Museum für Indische Kunst, Lansstr. 8
Museum für Islamische Kunst, Bodestr. 1–3, Pergamonmuseum
Museum für Islamische Kunst, Lansstr. 8
Museum für Volkskunde, Bodestr. 1–3, Pergamonmuseum
Museum für Volkskunde, Im Winkel 6–8

Dessau (Sachsen-Anhalt)
Bauhaus, Gropiusallee 38

Düsseldorf
Hetjens-Museum/Deutsches Keramikmuseum, Schulstr. 4
Kunstmuseum Düsseldorf, Ehrenhof 5

Eisenach (Thüringen)
Wartburg-Stiftung, Auf der Wartburg

Hagen
Karl Ernst Osthaus-Museum, Hochstr. 73

Hamburg
Deutsches Maler- und Lackierer-Museum,
Billwerder Billdeich 72

Köln
Museum für Ostasiatische Kunst, Universitätsstr. 100

Krefeld
Deutsches Textilmuseum Krefeld, Andreasmarkt 8

Lauf an der Pegnitz
Industriemuseum Lauf, Sichartstr. 5–11

Leinfelden-Echterdingen (Baden-Württemberg)
Deutsches Spielkarten-Museum, Schönbuchstr. 32

Mainz
Gutenberg-Museum, Liebfrauenplatz 5

München
Bayerisches Nationalmuseum, Prinzregentenstr. 3

Münnerstadt (Bayern)
Henneberg-Museum Münnerstadt, Deutschordensschloß

Münster (Westfalen)
Lackmuseum, Max-Winkelmann-Str. 80
Westfälisches Landesmuseum für Kunst und Kulturgeschichte, Domplatz 10

Nürnberg
Germanisches Nationalmuseum, Kartäusergasse 1

Offenbach am Main
Deutsches Ledermuseum, Frankfurter Str. 86

Rötz (Bayern)
Oberpfälzer Handwerksmuseum, Rötz-Hillstedt

Wetzikon (Kanton Zürich)
Malermuseum des Heiner Gut-Jensen, Stationsstr. 10

Wien
Graphische Sammlung Albertina, Augustinerstr. 1
Kunsthistorisches Museum, Burgring 5
Österreichisches Museum für angewandte Kunst, Stubenring 5

Übriges Europa

Antwerpen
Steen-Vleeshuis-Museum, Vleeshouwerstr. 38

Aquileia (Prov. Udine)
Museo Archeologico Nazionale, Via Roma

Aventignan (Dép. Hautes-Pyrénées)
Musée Cavernicole de la Préhistoire, Grottes Préhistoriques de Gargas

Cabrerets (Dép. Lot)
Musée de Préhistoire, Grotte de Pech-Merle

Museen und Sammlungen

Colchester (Essex)
Castle Museum, Castle Keep
Hollytrees Museum, High St.

Den Haag
Koninklijke Bibliotheek, Prins Willem-Alexanderhof 5

Florenz
Palazzo Davanzati, Museo Della Casa Fiorentin Antiqua,
Via Porta Rossa 13

Glasgow
Hunterian Art Gallery, University of Glasgow

London
British Museum, Great Russell St.
Victoria and Albert Museum, Cromwell Rd.

Madrid
Museo del Prado, Paseo del Prado

Moskau
Museum für angewandte Kunst und Volkskunst,
uliza Delegatskaja 3
Staatliches W.-W.-Majakowski-Museum, projesd Serowa 3–6

Sassenheim (Südholland)
Sikkens Schildersmuseum, Wilhelminalaan 1

Schloß Runkelstein (Castel Roncolo; Südtirol)

Stockholm
Freilichtmuseum Skansen, Djurgården

Straßburg
Musée Alsacien, 23–25 Quai Saint-Nicolas

Außereuropäischer Raum

Boston (Massachusetts)
Society for the Preservation of New England Antiquities,
Harrison Gray Otis House, 141 Cambridge St.

New Haven (Connecticut)
Yale University, Music Library

New London (Connecticut)
Lyman Allyn Art Museum, 625 Williams St.

New York City
Metropolitan Museum of Art, 1000 Fifth Ave.
Museum of American Folk Art, 2 Lincoln Square
Museum of the City of New York, Fifth Ave. at 103rd St.
Scalamandre Museum of Textiles, 950 Third Ave.

Nara (Japan)
The Office of the Shosoin Treasure House, 129 Zoshi-cho

Okayama (Japan)
Okayama Art Museum, 7–15 Marunouchi

Providence (Rhode Island)
Museum of Art, Rhode Island School of Design, 224 Benefit St.

Shelburne (Vermont)
Shelburne Museum, U.S. Route 7

Sturbridge (Massachusetts)
Old Sturbridge Village, 1 Old Sturbridge Village Rd.

Tokio
National Museum of Modern Art, 3 Kitanomaru Koen, Chiyoda-ku

Literaturhinweise

Adelman, Bob: *Roy Lichtenstein. Mural with Blue Brushstroke,* New York 1986

Amman, Jost: *Das Ständebuch. 133 Holzschnitte mit Versen von Hans Sachs und Hartmann Schopper,* Frankfurt 1976

Amstutz, Walter (Hrsg.): *Japanese Emblems and Designs,* Toronto und Zürich 1970

Apel, Karl: *Neue Oberflächen durch alte Malertechniken,* Stuttgart 1991

Arabian Ornament, Ware 1991 (The Cambridge Library of Ornamental Art)

Atterbury, Paul: *Art Deco Patterns,* New York 1990

Austwick, Jill and Brian: *The Decorated Tile. An Illustrated History of English Tile Making,* London 1980

Baum, Josef H.: *Schmucktechniken und farbige Möbelmalereien,* Leipzig 1980

Bedal, Konrad: *Bemalte Möbel aus Franken,* München und Bad Windsheim 1980

Ders.: *Das farbige Haus,* Bad Windsheim 1984

Berliner, Nancy Zeng: *Chinese Folk Art,* Boston 1986

Borsi, Franco: *Bruxelles 1900,* Brüssel 1974

Buddensieg, Tilmann: *Keramik in der Weimarer Republik 1919-1933,* Nürnberg 1985

Bühler, Alfred, und Eberhard Fischer: *Preßschablonen,* Basel o. J.

Buisson, Dominique: *Japanische Papierkunst,* Paris 1991

Clark, Kenneth: *DuMont's Handbuch der keramischen Techniken,* Köln 1985

Colling, James K.: *English Mediaeval Foliage and Coloured Decoration Taken from Buildings of the 12th to the 15th Century,* London 1874

David Wojnarowicz. Tongues of Flame, New York ²1990

Dekorationen der Neuzeit aus den kunstgewerblichen Werkstätten Theodor Kreissig, Dresden um 1920 (Verkaufskatalog)

Durant, Stuart: *Ornament from the Industrial Revolution to Today,* Woodstock 1986

Email. Kunst, Handwerk, Industrie. Kölnisches Stadtmuseum 2. Juni – 23. August 1981, Köln 1981

Enderlein, Volkmar: *Islamische Kunst,* Dresden 1990

Eyth, Karl, und Franz Sales Meyer: *Das Malerbuch – Die Dekorationsmalerei,* Hannover 1990 (Reprint)

Fuchs, Siegfried E.: *Der Bilderrahmen,* Recklinghausen 1985

Giotto, Mailand 1991

Greysmith, Brenda: *Wallpaper,* New York 1976

Herman Brood. 8 april – 19 may 1990, Utrecht 1990

Hibi, Sadao: *Japanese Detail Fashion,* San Francisco 1989

Hoffmann, Detlef: *Gemalte Spielkarten,* Frankfurt 1985

Die Höhlentempel von Dunhuang. Ein Jahrtausend chinesischer Kunst, Stuttgart 1982

Huber, Joerg: *Serigraffitis,* Paris 1986

Innes, Jocasta: *Zauberei mit Farben,* Köln 1987

Ishida, Mosaku: *Japanese Buddhist Prints,* Tokio 1964

Japan Textile Color Design Center: *Textile Designs of Japan III,* Osaka 1961

Jones, Owen: *The Grammar of Chinese Ornament,* London 1987

Ders.: *The Grammar of Ornament,* London 1986

Kallir, Jane: *Viennese Design and the Wiener Werkstätte,* New York 1986

Kenkel, Wolfgang: *Ornamente,* Nördlingen 1985

Klein, Georges: *Elsässische Bauernmöbel,* München 1983

Knoth, Karoline: *Malerhandwerk & Wanddekoration im frühen 20. Jahrhundert,* Bad Windsheim 1992

Le Grice, Lyn: *The Stencilled House,* London 1988

Literaturhinweise

Maisenbacher, Christoph: *Spuren der Nacht I – Schablonengraffiti,* Moers 1988

Marangoni, Guido: *Storia dell'arredamento,* Mailand o. J.

Matisse, Henri: *Jazz,* New York 1985

Mayer, Erwin, und Reinhard Zehentner: *Bürgerliche Dekorationsmalerei von der Gründerzeit bis nach dem 2. Weltkrieg,* München 1986

Medieval Ornament, Ware 1991 (The Cambridge Library of Ornamental Art)

Meyer, Franz Sales: *Handbuch der Ornamentik,* Wiesbaden 1989

Moderne Entwürfe in Schablonen aus dem Atelier von Theodor Kreissig, Dresden 1913 (Verkaufskatalog)

Moderne Wand- und Deckendekoration, Schablonenfabrik Kunstgewerbliche Anstalt Kiel, um 1900 (Verkaufskatalog)

Müller, Heidi, u. a.: *Bunzlauer Geschirr. Gebrauchsware zwischen Handwerk und Industrie,* Berlin 1986

The National Museum of Modern Art Tokyo (Hrsg.): *Katazome. Japanese Stencil and Print Dyeing Tradition and Today,* Tokio 1980

Olligs, Heinrich (Hrsg.): *Tapeten. Ihre Geschichte bis zur Gegenwart,* Bd. 1–3, Braunschweig 1970

Oman, Charles C., and Jean Hamilton: *Wallpapers: A History and Illustrated Catalogue of the Collection in the Victoria and Albert Museum,* London 1982

Owen, Peter, und Jane Rollason: *Airbrushing,* Köln 1989

Pal, Pratapaditya: *Marvels of Buddhist Art, Alchi-Ladakh,* Hongkong 1988

Partsch, Susanna: *Paul Klee 1879 – 1940,* Köln 1990

Pfannkuche, Bernd: *DuMont's Handbuch der Keramikglasur,* Köln 1984

Polen im Zeitalter der Jagiellonen 1386–1572, Wien 1986

Prakash, K.: *Expressions. Ethnic Indian Textile Designs,* Bombay 1992

Praz, Mario: *Die Inneneinrichtung von der Antike bis zum Jugendstil,* München 1968

Reclams Handbuch der künstlerischen Techniken. Bd. 1: *Farbmittel, Buchmalerei, Tafel- und Leinwandmalerei,* Stuttgart ²1988; Bd. 2: *Wandmalerei, Mosaik,* Stuttgart 1990

Revolutionary Costume. Soviet Clothing and Textiles of the 1920s, New York 1989

Rubi, Christian: *Holzbemalen und andere Ziertechniken,* Bern 1964

Russell, Pat: *Dekorative Alphabete im Laufe der Jahrhunderte,* Stuttgart 1988

Sandtner, Hilda: *Stoffmalerei und Stoffdruck,* Köln 1979

Schönburg, Kurt: *Gestalten mit Öl- und Lackfarben/Vergolden,* Berlin 1991

Searle, Alfred B.: *An Encyclopaedia of Ceramic Industries,* London 1930

Sembach, Klaus-Jürgen, und Birgit Schulte (Hrsg.): *Henry van de Velde,* Köln 1992

Sembach, Klaus-Jürgen: *Jugendstil,* Köln 1990

Sloan, Annie, et Kate Gwynn: *Peinture décor,* Paris 1990

Stahl, Johannes: *An der Wand. Graffiti zwischen Anarchie und Galerie,* Köln 1989

Storr-Britz, Hildegard: *Ornamente und Oberflächen in der Keramik,* Dortmund 1977

ten Kate-von Eicken, Brigitte: *Email für Haushalt und Küche,* Weil der Stadt o. J.

Tuer, Andrew W.: *Japanese Stencil Design,* Mineola 1967

Waring, Janet: *Early American Stencils on Walls and Furniture,* New York 1968

Wehlte, Kurt: *Werkstoffe und Techniken der Malerei,* Ravensburg 1985

Whitfield, Roderick: *The Art of Central Asia,* London 1985

Whitfield, Roderick, and Anne Parker: *Caves of the Thousand Buddhas,* London 1990

Wilson, Althea: *Stencil Genius,* London 1990

Abbildungsnachweis

S. 10: Kasaya aus Tun-huang, 8.–9. Jh., Seide (Detail). British Museum, London. Foto: Copyright British Museum

S. 11 o.: Wandgemälde und schablonierte Deckenverzierung in den Mogaogrotten bei Tun-huang (Höhle 61). Foto: Peng Huashi/Cultural Relics Publishing House, Peking

S. 11 u.: Kasaya aus Tun-huang, 8.–9. Jh., Seide, 107 x 150 cm. British Museum, London. Foto: Copyright British Museum

S. 13 li.: No-Robe (»surihaku«), 17. Jh., Seide. Okayama Art Museum. Foto: Unsodo, Tokio

S. 13 re.: No-Robe, 18. Jh., Seide. Museum of Art, Rhode Island School of Design, Providence (Gift of Lucy Truman Aldrich). Foto: Museum of Art, Rhode Island School of Design

S. 14: Japanische Schablonen, 19. Jh. Deutsches Textilmuseum, Krefeld. Fotos: Deutsches Textilmuseum

S. 15: Japanisches Festtagsgewand (»furisode«), 18.–19. Jh., Seide. Deutsches Textilmuseum, Krefeld. Foto: Deutsches Textilmuseum

S. 16 re.: Indische Preßschablone, Teakholz, 50 x 75 cm, 17–19 kg. Museum für Völkerkunde, Basel, Inv.-Nr. IIa 2844. Foto: Museum für Völkerkunde

S. 16 u.: Preßschablonierter Seidenstoff, um 1800. Museum für Völkerkunde, Basel, Inv.-Nr. IIa 2593. Foto: Museum für Völkerkunde

S. 17: Nereidenmosaik, 3. Jh. n. Chr. Museo Archeologico Nazionale di Aquileia. Foto: Luciano Russi, Aquileia

S. 18 o.: Maria im Strahlenkranz, kolorierter Holzschnitt, flämisch oder Brabant, um 1460. Kupferstichkabinett, Staatliche Museen zu Berlin, Preußischer Kulturbesitz. Foto: Jörg P. Anders

S. 18 u.: Spielkarten, deutsch (Nürnberg?), Mitte 16. Jh., Holzschnitt, schablonenkoloriert, auf Pappe, je 7,3 x 4,6 cm. Germanisches Nationalmuseum Nürnberg, Inv.-Nr. GNM Sp. 105–121, Kapsel 515. Fotos: Germanisches Nationalmuseum

S. 19 li.: Seite (»Der Brieffmaler«) aus der »Eygentlichen Beschreibung aller Stände« (»Ständebuch«) von Jost Amman mit Versen von Hans Sachs, 1568

S. 19 re.: Eine Seite aus einem Graduale von U. Boddaert, Flandern, 1755. Yale University Music Library, New Haven. Foto: Yale University Music Library. Used by permission

S. 20: Innenansichten der Schrotholzkirche in Dębno, Polen. Schablonenmalerei um 1500. Fotos: Lukasz Schuster, Adam Wierzba, Krakau/Nationalmuseum Krakau

S. 21: Gewölbe der Kirche in Härkeberga, Schweden, dekoriert von Albertus Pictor, um 1480. Foto: David George © Cassell, London

S. 22: Schlafgemach im 2. Stockwerk des Palazzo Davanzati, Florenz. Foto: Scala, Antella – Bagno a Ripoli

S. 23 o.: Zimmer eines Bauernhauses aus Hålsingland, Schweden. Stiftelsen Skansen, Stockholm. Foto: David George © Cassell, London

S. 23 u.: Französisches Dominopapier, Chartres, um 1800. Koninklijke Bibliotheek, Den Haag. Foto: Koninklijke Bibliotheek

S. 24 li.: Tapetenfragment, um 1750. Holly Tree House, Colchester. Foto: Courtesy Colchester Borough Council

S. 24 re.: Flocktapete, deutsch, 17. Jh. Kunstmuseum Düsseldorf. Foto: Kunstmuseum Düsseldorf

S. 25: Spätgotischer Schrank, um 1480. Eisenach, Wartburg. Foto: Constantin Beyer, Weimar

S. 26 li.: Altarraum der Kirche St. Jakobus, Eschlkam. Foto: Pfr. Johann Fischer, Eschlkam

S. 26 re.: Schabloniertes Möbelstück von William Burges. Victoria and Albert Museum, London, Inv.-Nr. 8042-1862. Foto: V & A Picture Library

S. 27: Henry van de Velde, Tabakgeschäft der Havana-Compagnie in Berlin, 1899. Foto: Bildarchiv Foto Marburg

S. 32 o.: Schablonen, Pinsel und Model von Moses Eaton jr. und schabloniertes Wandstück, um 1825. Society for the Preservation of New England Antiquities, Boston. Foto: David Bohl

S. 32 u.: Das Stencil House, dekoriert um 1820, aus Sherburne, New York. Shelburne Museum, Shelburne, Vt. Foto: Ken Burris

S. 34 o.: Hitchcock chair. Shelburne Museum, Shelburne, Vt. Foto: Ken Burris

S. 34 u.: Schablonierte Baumwolltischdecke, um 1850, New Hampshire. Old Sturbridge Village, Sturbridge, Mass. Foto: Henry E. Peach

S. 35: Drei Schablonen zur Dekoration von Stoff oder Papier (1830 bis 1840, Neuengland) und eine fertige Arbeit. Society for the Preservation of New England Antiquities, Boston. Foto: David Bohl

S. 38 li.: Schablonierter Mehlsack aus dem Elsaß, 1848. Musée Alsacien, Straßburg. Foto: Les Musées de la Ville de Strasbourg

S. 40 li.: Paul Klee, »Monsieur Perlenschwein«, 1925, 223 (W 3), Aquarell auf Papier, 51,5 x 35,5 cm. Kunstsammlung Nordrhein-Westfalen, Düsseldorf, Inv.-Nr. 14. © VG Bild-Kunst, Bonn 1993. Foto: Kunstsammlung Nordrhein-Westfalen

S. 40 re.: Sigmar Polke, »Hochsitz III«, 1985, Mischtechnik auf Leinwand, 300 x 225 cm. Staatsgalerie Stuttgart, Inv.-Nr. 3446. Foto: Staatsgalerie Stuttgart

S. 41 o.: Günther Zahn, »Toxische Gelassenheit«, 1987, Öl auf Leinwand. Foto: Dorothea Heiermann

S. 41 u.: Herman Brood, »Homesick Lou«, 1989, Acryl auf Leinwand, 200 x 150 cm. Galerie Quintessens, Utrecht. Foto: Ferry André de la Porte/Galerie Quintessens

Abbildungsnachweis

S. 64:	Treppenhäuser in Berlin-Kreuzberg, um 1900. Fotos: Ulrich Bergfelder
S. 65:	Innenansichten des Hopfenbauernhauses aus Eschenbach. Fränkisches Freilandmuseum, Bad Windsheim. Fotos: Dr. Konrad Bedal, Bad Windsheim
S. 77:	Olmer aus Mundolsheim bei Straßburg, 1742, bunte Schablonenmalerei auf lasiertem Tannenholz, 175 x 128,5 x 43,5 cm. Musée Alsacien, Straßburg. Foto: Les Musées de la Ville de Strasbourg
S. 78/79:	Gesamtansicht des »Blauen Zimmers«. Foto: Albert Liesegang
S. 82 li.:	Wasserkanne mit Schablonen-Spritzdekor, Steingutfabrik Société Céramique, Maastricht, um 1930, Steingut, H. 21,3 cm. Germanisches Nationalmuseum Nürnberg, Inv.-Nr. Ke 4424. Foto: Germanisches Nationalmuseum
S. 82 re.:	Kakaokanne mit Schablonen-Spritzdekor, Porzellanfabrik C. A. Lehmann & Sohn, Kahla, um 1930, Porzellan, H. 18,7 cm. Germanisches Nationalmuseum Nürnberg, Inv.-Nr. Ke 4306. Foto: Germanisches Nationalmuseum
S. 87:	Dimitra Grivellis, Keramikarbeiten. Fotos: Dimitra Grivellis, London
S. 88:	Ludmilla Majakowskaja, schablonierter Seidenstoff, vor 1927, 54 x 40 cm. Staatliches W.-W.-Majakowski-Museum, Moskau. Foto: Charlotte Douglas, New York
S. 94:	Titelseite der Zeitschrift »Le Grelot« vom 11. Februar 1872. Sammlung Prof. Dr. Volker Neuhaus, Köln. Foto: Dorothea Heiermann
S. 97 o.:	Schablonierter Schuh, England, rosa Ziegenleder, um 1790. Victoria and Albert Museum, London, Inv.-Nr. T. 115a-1933. Foto: Philip Barnard/V & A Picture Library

Abbildung Umschlagvorderseite, 2. Reihe v. u., li.: »Die Liebenden«. Foto: Bernhard van Treeck, Köln
Alle übrigen Fotos: Dorothea Heiermann, Köln
Schablonenvorlagen: Henrike Müller

Register

Kursiv gesetzte Seitenzahlen verweisen auf Abbildungen, fett gesetzte auf Erläuterungen im Glossar.

Abschlußfries **163**
Abtönfarben 60, 64, **163**; *60*
– auf Holz 80
Acrylfarben 61, 64, **163**
Acryllack(farben) 60, 80, **163**
Aerograph s. Spritzpistole
Airbrush **163**; s. auch Spritzpistole
Aktenkarton **163**
Albertus Pictor (Albert malare) 21f.; *21*
»Alcazar«, Restaurant 68f.; *68*
Alkydharzlacke 80, **163**
Amaterasu 12
Amerika 31–35
Amman, Jost 18; *19*
Andachtsbildchen 18, 94
Appretur 90
Aquileia 17
Art deco 29, 30, 34
Art nouveau 26, 27
Arts and Crafts Movement 26, 77
Assisi 40
Ätzdekor 39
Ätzen **163**
Augustinerabtei zu Loo 19

Bailly, Jean-Christophe 42
Balfour, Henry 6
Batik 13, 16, **164**
Bauernhäuser 26, 65
–, skandinavische 22, 23; *23*
Bauernmöbel 77; *77*
Bauhaus 28, 30, 82
Berdel, Eduard 82
Berliner Mauer 42
Berlin-Kreuzberg 65
Binder **163**; *60*
Blaudruck 13
Bleak House, Peterborough 33
Blechgeschirr, emailliertes 29, 30; *29*
Blechschablonen 39; *39*
Bleischablonen 17, 29
Boddaert, U. 19
Böhm, Gottfried *30*
Bordüre 47, 48, 49, 74, **163**
Borowitzka, Vitus 26
Borte 34; *49*
Brenntemperatur bei Keramik 85, **164**
Briefumschläge 100; *100*
British Museum, London 10; *11*
Brood, Herman 41; *41*
Buchstabenschablonensätze 39; *39*

Buddha 10f.; *11*
Buddhismus 10
Buntpapier 23, **164**
Bunzlau 30, 82, 86
Bunzlauer Schule 30, 82
Burges, William 26, 77; *26*
Buttermilch 60, 61

Carter, Thomas Francis 10
Çayönü Tepesi 17
China 10f., 16
Christ's College, Cambridge 23
Colchester, Holly Tree House 24; *24*
–, Schloß 24
Collagieren 96, **163**
Colling, James K. 20
de Caylus 17

Dębno Podhalanskie 20, 21; *20*
Dekorationsmalerei 25f.
Dekorationszeitschriften 28
Delos 17
Deus, Heike 93; *93*
Dispersionsfarben 60, **163**
Dominopapiere 23, 94; *23*
Drehscheibe 84, 87
Dufrène, Maurice 27
Durchschlageisen s. Punze

Eaton, Moses jr. 32; *32*
Eckmotiv, -ornament 47, 48, **163**
Eichstrich 39
Elmelunde-Meister 22
Email 29, 30; *29*
Engelbrecht, Martin 19
Eschlkam, Bayerischer Wald 26
Estrich 76
Europa 17–30
Exlibris 96
Expressionismus 28

Fanefjord 22
Falz-Scherenschnittverfahren 87, 100
Farben 39, 60f.; *60*
Farbkonsistenz 60
Färben von Stoff 91, **163**
Fertigschablonen 28f., 99–101
Fidschiinseln 7
Firnis 53, 60, **163**
Fischer von Waldheim 20
Flächenornament 48, **163**; *80, 81*

Fladerschablone 28, 49, **163**; *49*
Flechtornament **163**; *80, 81*
Fliesen 29
Flock-Ledertapete 25
Flocktapete 24f.; *24*
Florenz 40
Flugblätter 94
Folie, selbstklebende 51
Folienschablonen 57
– schneiden 57; *57*
Folienstift 57
Fortuny, Mariano 27
Fotokarton **163**f.
Fränkisches Freilandmuseum,
– Bad Windsheim 26, 65
Fromm (Firma), Parsberg 26
Füllornament **163**
Fußböden 30, 33, 76; *76*
Futurismus 88

Gargas 6
Gates, Erastus 32
Giotto 40
Glasätzung 97
Glasur 85, **163**
Glasur-Rohbrand 85
Glasurverfahren 86; *86*
Goodale, Abner 31
Gouachefarben 61, 64, **163**; *60*
– auf Holz 80
Graduale 19; *19*
Gräfenroda 30
Graffiti 41, 42; *42f.*
Graphikermesser 54, **163**
Gravierschablonen 39
Grivellis, Dimitra 87
Gründerzeit 26
Grundierung 64
Gut Horbell 66f.; *66f.*

Henna 16
Härkeberga 21f.; *21*
Historismus 25, 26
Hitchcock, Lambert 34
Hitchcock chair 34, 77; *34*
Holy Trinity Church, Blythburg 20
Holz 81
Holzschnitt 18, 94, 95, **163**; *18, 19*
Holzstich 95, **163**
Hopfenbauernhaus 26, 65; *65*
Horta, Victor 27

Register

Imprägnieren 53
Indien 16
Ise 13
Ise-Schrein 12
Iseure, Kirche 21

Japan 12–15, 16
Japanmode 27
Japy 29
Jayne, Peter 31
jiaxie 12
Jugendstil 26, 27, 77; *27*
Justinian, römischer Kaiser 17

Kahla-Leuchtenburg 30
Kakipflaumentannin 13
Kamakurazeit 12
kamiko 15
Kandinsky, Wassily 40
Karl der Große 17
Kartenmacherin 19
Karton **163**f.
Kartonschablone 28, 51
– auf Keramik 87
Kasaya 10, 12; *10, 11*
Kasein **164**
kata-yuzen 13
katagami 12
katazome 13, **164**
Katharinenkloster, Nürnberg 24
Kennzeichnungen 38f.
Keramik 29, 82ff.
Kettenornament **164**
Kha-Dalik 11
khaka 16
Kirchen 25, 26
–, hölzerne 20f.; *20*
–, steinerne 21
Klarsichtfolie **164**; s. auch Schablonenfolie
Klee, Paul 40; *40*
Kleidungsstücke schablonieren 90f.
Kohlepapier 51, 52, **164**; *52*
komon 13
Konstruktivismus 88
kozo-Papier 13, 15
Kreppband 55, 56, 74; *56*
Kubismus 88
Kuchen, schablonierter 100; *100*
Kupferschablone 28, 39
kyokechi 12

Lasur **164**
Le Petit, Alfred 94
Leder, geräuchertes 12
Ledermosaik 25, 97
Lederrüstungen 12, 97
Lederschablone 28
Ledertapete 25
Leim **164**
Leimfarben 61, **164**
Leinöl **164**; *60*
Lettner 21
Liberty (Firma), London 27
Lichtenstein, Roy 41

»The Lindens«, Washington, D.C. 33
Linoleum 53

Mackintosh, Charles Rennie 27, 77
Majakowskaja, Ludmilla 88; *88*
Marken auf Porzellan 29
Marmorieren 96, **164**
Maskierfilm 51, **164**
Matisse, Henri 40f.
Maulbeerbaumpapier 12
Mehlsäcke s. Warenverpackungen, schablonierte
Messingschablone 28
Metallpigmente 97
Metallpulver 33
Mettlacher Bodenfliesen 26
Milchfarben 31
mitsumata-Papier 13
Möbel 77ff.
–, amerikanische 33, 34
– stupfen 80; *80, 81*
Model **163**; *32*
Mogaogrotten 10; *11*
Moholy-Nagy, László 40
mon 12, 13
Motive 33
– Adler 33
– Ananas 33
– Glocke 33
– Hirsch 33
– Schmetterling *72, 93*
– Stern *84, 85*
– Trauerweide 33
– Zacken *84, 85*
Motivübertragung 52
Motivvergrößerung mittels Fotokopierer 51
Mundzerstäuberröhrchen 58, 61, **164**; *58*
Museum of Art, Rhode Island School of Design 12
Musterbücher 28; *28*

Nägeli, Harald 42
Narazeit 12
Negativschablone 29 47, 75, *75*, **164**; *47*
Nereidenmosaik 17; *17*
Nessel 91, **164**
Nördliche Wei 10
No-Roben 12; *13*
Notenbücher 19, *19*

Okinawa 13
Ölfarbe 65, **164**
Olmer 77
Ölpappe 39
Ornamentik, mittelalterliche 22

Padua 40
Palazzo Davanzati 22, *22*
Papier 94–96
Papierkleidung 15
Papiers bleus d'Angleterre 25
Papierschere 54; *54*
Papiertapete 24, 33
Papillon, Jean 23

Papillon, Jean Baptiste Michel 23
Pappe **164**
Paßmarke 46, **164**; *47*
Pech-Merle 6
Pergamentschablone 77
Persien 16
Pierce House, Hillsborough 31, 33
Pigmente 60, **164**; *60*
Piktogramme 98
Pinsel 56; *56*
Plakafarbe 61, 64, **164**; *60*
Plakate 23
pochoiristes 42
Polke, Sigmar 41; *40*
Pop art 41
Porter, Rufus 32, 33
Porzellan **164**
Positivschablone 46, 75, **164**; *75*
Prescott Tavern, East Jaffrey 32
Preßschablone *16*
Preßschablonierung 16
Preußische Expedition 10
Punze 25, 54, 92

Quintilian 17

Rapportanschlüsse 92
Rapportmuster **164**
Rapportschablonen 48
Rauhfasertapete 64, 73
Reformationszeit 94
Regenbogeneffekt 77
Reismehlpaste 13
Renard, Claude 20
Reservetechnik 13, 16, **164**
– auf Keramik 87; *87*
Rosenquist, James 41

Sachs, Hans 18, 19
Sakristeischrank 25; *25*
Samtpapier 24f.
Sandstrahlen 87, **164**
St. Jakobus, Eschlkam 26; *26*
sanzi khaka 16
Savary des Bruslons 24
Schablone(n) als Schreibhilfe 17
–, einschlägige 46; *47*
–, japanische 12, 15; *14*
–, mehrschlägige 46; *47*
–, Ursprung der 6
Schablonenbücher 28
Schablonendekor auf Keramik 82; *83*
Schablonenfolie **164**
Schablonengraffiti 42; *42f.*
Schablonenindustrie 49
Schablonenkarton 51
Schablonenkolorierung 18, 20, 94, 95
Schablonenmesser 54; s. auch Graphikermesser
Schablonieren
– auf Autos 98; *98*
– auf Holz 61, 81
– auf Leder 97, 100; *97, 100*
– auf Papier 94–96; *94*

Register

– auf T-Shirts 98; *98*
Schablonierpinsel 56, **164**; *56*
Schattieren 29, 93
Scherwolle 24
Schlag 46, 93, **164**
Schlageisen 25
Schloß Runkelstein 21
Schneidemesser 53; *53, 54*
Schneideunterlage 53
Schneidewerkzeug 54; *54*
Schopper, Hartmann 18
Schrühbrand 84, 85, **164**
Schuhe 97, 101; *97, 101*
Schwamm 56; *56*
Schwind, Moritz von 25
Seidenmalfarbe 60, 61, **164**
Setzschablone 17, 97, **164**
Shosoin-Schatzhaus 12
Siebdruck 41, **165**
Signierschablonen 39, **165**; *38, 39*
Silhouettenrädchen 54, **165**; *54*
Silhouettenschablonen 54, **165**
Silhouettenschere 54, **165**; *54*
Skalpell s. Graphikermesser
Skandinavien 21–23
Sperrholzplatten 76
Spielkarten 18; *18*
Spolverotechnik **165**
Spraydose 58, *58*
Spritz-Schablonentechnik 28, 30
Spritzdekor 30
Spritzpistole 29, 30, 51, 58, 97, **165**; *58*
Spritztechnik 58, 59
Sprühpumpe 59, 75; *58, 75*
Stanzeisen 54, **165**
Steen-Vleeshuis-Museum, Antwerpen 25
Stege 22, 46, 52, 93, **165**
Stein, Sir Aurel 10, 12
Steingut 30, **165**
stencil 21
Stencil House, Sherburne *32*
Sternenmotive 21

Steudel, Gunter 93; *93*
Stickschablonen 39; *38*
Stoffdruckfarben 91
Stoffmalfarben 61, **165**; *60*
Stoffsiebdruckfarben 61, 91, **165**; *60*
Streumotive 47, **165**
Streutapete s. Flocktapete
Stupfpinsel 56, **165**; *56*
Stupftechnik 46, 52, 54, 55, 61, **165**
Suidynastie 10
Suprematismus 88
surihaku 12; *13*
Suzuka 13

Tangdynastie 10
Tapetenherstellung 24, 25, **163**
Tapetenkleister 61, **164**
Terpentin **165**; *60*
Terrazzomosaik 17
Textilfarben 91
Textilien 88ff.
–, amerikanische 34; *34*
–, griechische 17
–, sowjetische 88; *88*
Theoderich 17
Transparentglasur 85
Transparentpapier 51, 52, **165**; *52*
Treppenhäuser 64, 65, 70f.
Tun-huang 10
Turfan 10
Tusche **165**; *60*

Ultrafolie s. Schablonenfolie
Unterglasurverfahren 84, 86, **165**; *84*
Unterschriftschablone 17

Van de Velde, Henry 27; *27*
Vasen, etruskische 17
Velourspapier 25
Verneuil, M. P. 28
Versiegelung 76
Verstärkerringe 100, 101

Victoria and Albert Museum, London 12, 25, 26, 97
Viktorianisches Zeitalter 25
Villeroy & Boch (Firma) 26, 30
»Volksgeschirr« 82
Voysey, Charles Francis 27

Wachs, flüssiges **165**
Wan-Fo-Hsia 11
Wände 64ff.; *64ff.*
– sprühen 75; *75*
– stupfen 74; *74*
Wandfarbe 60
Wandmalereien, antike 17
–, chinesische 10f.; *11*
Wandschablonierungen, amerikanische 31, 32
–, gesprühte; *47*
Warenverpackungen, schablonierte 38, *38*
Warhol, Andy 41
Wartburg 25
Wedgwood, engl. Porzellanmanufaktur 30
Welter, Michael 25
Wickeltechnik 64, 65, **165**
Wiener Sezession 26
Wieser, Ludwig (Firma), Graz 28
Williams, Lydia Eldredge 32
Wischtechnik **165**
Wojnarowicz, David 41

yukata 12

Zahlenschablonensätze 39; *39*
Zahn, Günther 41, 100; *41, 100*
Zahnbürste 59
Zeitschriften 94f.; *94*
Zelluloidschablone 28
Zerstäuberflasche 58, *58*, **165**
Zeugdruck **163**
Ziehpresse 29
Zinkblechschablone 28, 39
Zlotykamien, Gérard 42

Dank

Mein besonderer Dank geht an Dorothea Heiermann für ihre konstruktive Geduld und optimistische Beständigkeit sowie an Gunter Steudel für seine angenehme und tatkräftige Mitarbeit beim endlosen Schablonieren.
Danken möchte ich außerdem:
Anette Baak, Johannes R. Beines, Ulrich Bergfelder, Kevin Bineham, Angela Buntenbroich, Pfarrer Johann Fischer, Bruno Fromm, Dr. Winfried Gellner, Rosel Görlitz, Dr. Wolfram Hagspiel, Horst Hahn, Bernadette Heiermann, Ruth Kessler, Dorette Kleine, Birgit Köllmann, Andreas Kopp, Rita Lengyel, Albert Liesegang, Mario Michalak, Mechthild Miller, Hanna Plutat-Zeiner, Philip Polock, Andrea Raehs, Herbert Schwarz, Johannes Seibt, Petra Trinkaus, Vera Udodenko, Claudia Weber und allen anderen.

Henrike Müller